LE

LIVRE ROUGE

DE

LA COMMUNE

DU MÊME AUTEUR :

Dictionnaire des Pseudonymes. Révélations sur le monde des lettres, du théâtre et des arts 2ᵉ édition, 1 fort vol. de 500 pag , gr. in-18 jésus. . . . . 6 fr

La Légion d'honneur et la Commune ،Rapports et dépositions concernant le séjour du général Eudes à la grande chancellerie). 1 vol. in-18 jésus, avec une lithographie. . . . . 1 fr.

Télégrammes militaires de M. Léon Gambetta (du 9 octobre 1870 au 6 février 1871). 1 vol. in 18 jésus . . . . 2 fr.

Victor Hugo et la Commune (Documents relatifs à l'incident de Bruxelles). 1 vol. in-18 jésus. . . . . 1 fr.

Les Manifestes du Comte de Chambord, avec les appréciations des principaux journaux de Paris. 1 vol. in-18 jésus. . . . . . 1 fr.

Journal d'un habitant de Neuilly pendant la Commune. 1 vol. in 18 jésus. . . . . 1 fr.

Journal du siège de Paris en cours de publication par livraisons in-8). Le 1ᵉʳ volume est en vente . . . . 10 fr.

Journal officiel prussien de Versailles (en cours de publication par livraisons in 8). La livraison. . . . . 0 fr 25

GEORGES D'HEYLLI

LE
LIVRE ROUGE

DE

LA COMMUNE

EXTRAITS DU *JOURNAL OFFICIEL*

ED

PARIS

E. DENTU, ÉDITEUR

LIBRAIRE DE LA SOCIÉTÉ DES GENS DE LETTRES

PALAIS-ROYAL, 17, ET 19, GALERIE D'ORLÉANS

1871

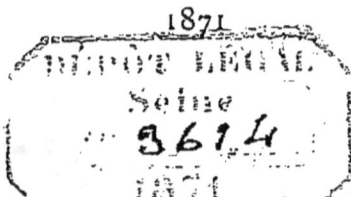

A M. HENRI DUGUIÈS

Mon cher confrère,

Le même jour, nous avons eu la même idée, et comme le travail que nous entreprenions, chacun de notre côté et à l'insu l'un de l'autre, ne pouvait être fait sérieusement de deux manières différentes, il s'est trouvé qu'il y a eu tout naturellement une ressemblance absolue entre nos deux publications. Vous avez réservé la vôtre aux lecteurs du *Journal de Paris*, pendant que, plus ambitieux peut-être, je destinais la mienne au public tout entier. Je veux donc qu'il connaisse cette communauté d'idées que le hasard a fait naître, et voilà pourquoi je vous demande de ne pas trop vous fâcher quand vous lirez votre nom à la première page de ce petit volume.

GEORGES D'HEYLLI.

21 juillet 1871.

AVERTISSEMENT

Il paraît que les bons esprits, même en ces temps troublés, ont encore parfois quelque chance de se rencontrer.

L'idée m'était venue de relever dans le *Journal officiel* de la Commune le nom de tous ceux qui s'y trouvent portés, à un titre quelconque, d'indiquer la nature des emplois successifs que la feuille officielle leur attribue, et de donner à la suite de chaque inscription nominative la date du numéro du journal où cette inscription figurait. J'avais montré ce petit travail de patience à mon éditeur et ami M. Dentu, le libraire si connu du Palais-Royal, et il avait bien voulu le trouver assez ingénieux pour désirer le publier en volume. Enfin le travail, entièrement terminé, était déjà entre les mains de l'imprimeur, lorsque le *Journal de Paris*, feuille politique si excellemment dirigée par M. Édouard Hervé, annonça et publia sous le titre : *Le Livre d'or de la Commune*, un travail de M. Henri Duguiès (1), rédacteur du *Messager de Paris*, lequel travail était identiquement semblable à celui dont je venais de commencer l'impression.

J'adressai aussitôt la lettre suivante à M. Édouard Hervé :

A monsieur le Rédacteur en chef du
Journal de Paris.

« Lundi soir, 26 juin.

« Mon cher monsieur,

« Vous avez commencé dans le numéro du *Journal de Paris* qui porte la date de demain

(1) M. Henri Duguiès a eu, comme tant d'autres, des aventures sous la Commune. M. Édouard Hervé a donné, dans le *Journal de Paris*, le récit très-circonstancié d'une de ces aventures, récit que nous reproduisons aux Appendices de cette brochure, à titre de document utile à conserver.

mardi, 27 juin, et sous le titre : *Le Livre d'or de la Commune*, la publication d'un travail de M. Henri Duguiès, relatif aux membres, fonctionnaires et employés de la Commune.

« Or, de mon côté, j'ai fait également un travail sur ce même sujet, et qui est *absolument identique* à celui de votre collaborateur. Ce travail, qui doit paraître en un volume chez Dentu, éditeur au Palais-Royal, sous le titre de : *Les fonctionnaires de la Commune, liste alphabétique, extraite du Journal officiel de la Commune* (1), est en ce moment en cours d'impression chez M. Jouaust, 338, rue Saint-Honoré.

« Comme je tiens, d'une part, à ne point passer pour un plagiaire, et, d'autre part, à continuer ma publication, je vous prie de vouloir bien insérer cette lettre dans le plus prochain numéro de votre journal, lettre dont la publication doit prévenir, par avance, à cause de l'extrême ressemblance qui existe entre mon

(1) Ce titre a été, depuis, modifié sur la demande de mon éditeur.

travail et celui de M. Duguiès, toute accusation pouvant m'être préjudiciable.

« Recevez, etc.

« GEORGES D'HEYLLI. »

Je prévenais en même temps mon confrère M. Henri Duguiès de cette rencontre inattendue, et M. Duguiès me répondait aussitôt qu'il s'était borné à rédiger son travail en vue des lecteurs du *Journal de Paris*, et qu'il n'avait aucune intention de le publier en dehors du journal même.

La publication de M. Duguiès ayant eu un grand retentissement, je devais au lecteur, sous les yeux duquel a pu déjà sans doute passer l'intéressante nomenclature du *Journal de Paris*, cette courte mais indispensable explication.

J'ai rejeté aux appendices de ce volume quelques réclamations de divers personnages figurant au *Journal officiel* de la Commune et tout naturellement cités par M. Duguiès et par moi dans la liste des fonctionnaires qu'elle

avait choisis. Mais je ne saurais assez insister
sur ce point que le *Journal officiel* de la Commune fourmille de fautes grossières, surtout
en ce qui concerne les noms propres. Le
même nom y est parfois répété avec une ortho-
graphe différente, et j'ai dû souvent laisser
en quelque sorte au hasard le soin de choisir
lui-même celle de ces orthographes variées
qu'il lui convenait d'amener sous ma plume.
C'est ainsi que *Bergeret* est appelé dans un
numéro *Barberet*, et que dans un autre le chef
d'orchestre *Hainl* a été bel et bien dénommé
Haydn. Après tout, MM. les communeux ont
peut-être cru de bonne foi qu'ils avaient affaire
à Haydn lui-même !

Je dois encore signaler au lecteur l'obser-
vation suivante : tous les fonctionnaires de la
Commune ne figurent pas, tant s'en faut, à son
Journal officiel. J'y ai vainement cherché, par
exemple, le nom du directeur communeux de
l'Imprimerie nationale, le citoyen Debock
(Louis-Guillaume); celui d'Alavoine (André),
délégué à cette même Imprimerie nationale,
n'y figure pas davantage. Rien n'était plus irré-

gulier ni plus fantaisiste que la manière de procéder des directeurs communards de la feuille de M. Wittersheim. Les décrets les plus importants ont bien souvent été omis dans l'*Officiel*, où, en revanche, on trouve trop d'inutiles remplissages, qui témoignent suffisamment de l'ignorance et de l'ineptie des rédacteurs réquisitionnés par les Longuet, les Vésinier et autres préposés à la direction du principal organe de la Commune. Il faut lire à ce sujet l'intéressante étude littéraire et politique publiée par notre confrère M. Ch. Livet (1) au journal *le Moniteur universel*.

Quant aux réclamations qui pourraient m'être transmises, je dois prévenir les intéressés que je ne dénonce personne dans ce petit livre ; j'ai voulu faire un travail sérieux, et je n'ai point cité un seul nom — et cela scrupuleusement — qui ne figurât au seul *Journal officiel*, avec les qualités qu'il lui donne.

Je reconnais et je constate parfaitement que beaucoup des noms cités dans le *Journal offi-*

(1) Travail édité depuis, en un volume, chez le libraire L. Beauvais, 21, quai Voltaire, à Paris.

ciel de la Commune y ont figuré malgré ceux qui les portent ; que, surtout pour les médecins, les artistes et les membres du jury d'accusation, — ces derniers désignés par le sort et qui d'ailleurs ne siégèrent jamais,— les fonctions dont les affuble l'organe de la Commune furent purement illusoires.

Toutefois, bien que dégageant, certes ! leur responsabilité des sottises et des excès de la Commune, comme leur nom se trouve au *Journal officiel*, j'ai dû le reproduire ici, le principal mérite de cette nomenclature étant, avant tout, d'être à la fois exacte et complète (1).

La présente publication ne peut donc être désagréable que pour ceux qui se sentent vraiment coupables et compromis dans l'odieuse insurrection du 18 mars, et j'avoue que, pour ceux-là, je ne saurais être bien vivement touché par l'espèce de remords tardif qui pourrait les pousser à se séparer aujourd'hui de leurs ex-collègues en démagogie.

_____

(1) Au sujet des artistes, des médecins et des membres du jury d'accusation, voir l'appendice *Fédération des artistes*, à la fin de ce volume.

D'ailleurs, ce petit livre ne rend ni plus officielle ni plus publique la part qu'ils ont pu prendre au mouvement insurrectionnel. Le *Journal officiel de la Commune* n'est pas un document si rare qu'on pourrait le supposer par les prix vraiment insensés que la spéculation lui a fait atteindre dans les premiers jours qui ont suivi la chute de la Commune. D'abord, il a été en partie reproduit dans diverses publications ; je sais, en outre, que sa réimpression intégrale en un volume in-8° est actuellement en préparation ; le premier venu peut le consulter dans les bibliothèques publiques ; enfin, au moment où j'écris ces lignes, l'administration du *Journal officiel* va mettre en vente, à un prix relativement minime, un peu plus de deux mille collections de cette feuille « terrible » et jusqu'alors restée par force sous le séquestre.

Je ne me plaindrai point si quelque personne citée dans mon travail croit devoir user de la voie de la presse pour publier une réclamation justificative ; mais, en ce qui me concerne, et après les explications que j'ai ci-dessus données et les insertions de diverses lettres déjà parues au *Journal de Paris*, au *Figaro*, au *Journal de Genève* et ailleurs, et qu'on trouvera à la fin de ce volume, je crois avoir tout fait, ce me semble, pour éviter d'être accusé de partialité et de mauvaise foi.

GEORGES D'HEYLLI.

20 juillet 1871.

LE
LIVRE ROUGE
DE
LA COMMUNE

A

Abadie, médecin-major du 146ᵉ bataillon. —
10 mai.

Abric, aide-major du 147ᵉ bataillon. — 16 mai

Aconin, adjoint provisoire au maire du Vᵉ arrondissement. — 27 mars.

Adam (Armand), élu à la Commune.— 28 mars.
Démissionnaire. — 2 avril.

Alcan (Léon), aide-major du 109ᵉ bataillon. —
14 mai.

Alguier (Hubert), aide-major du 194e bataillon. — 10 mai.

Alibran (Félix), chirurgien principal de la 3e légion. — 25 avril.

Alix, chirurgien principal de la 8e légion. — 19 avril.

Alix, médecin-major du 53e bataillon. — 8 mai.

Allemane, membre de la municipalité du Ve arrondissement. — 30 avril.

Alliez, chirurgien aide-mjor du 148e bataillon. — 19 avril.
Chirurgien-major du 227e bataillon. — 12 mai

Allix (Jules), élu à la Commune. - 28 mars.
Maire du VIIIe arrondissement. — 5 avril.

Amanieu, chirurgien-major du 230e bataillon. — 1er mai.

Amouroux, délégué du Comité central à Lyon. — 26 mars.
Élu à la Commune. — 28 mars.
Secrétaire de la Commune. — 11 avril.
Membre de la Commission des relations extérieures. — 22 avril.

Amsler (Arnold), chirurgien-major du 208e bataillon. — 9 mai.

Andignoux, membre du Comité central. — 21 mars.

André (Eugène), membre de la Commission d'organisation de l'enseignement. — 29 avril.

André (Jean-Louis), commissaire de surveillance au chemin de fer d'Orléans. — 23 avril.

Andrieux (Jules), chef du personnel de l'administration communale de Paris. - 1er avril.
Élu à la Commune. — 20 avril.
Délégué aux services publics — 21 avril.
Membre de la Commission exécutive. — 27 avril.
Chargé de procéder à la saisie des biens de Thiers. — 11 mai.

Ansart, ingénieur militaire de 1re classe. — 10 mai.

Anys-el-Bittar, chargé de travaux spéciaux à la Bibliothèque nationale (langues arabe et syriaque). — 13 mai.

Arluison (Eugène), médecin-major du 249e bataillon. — 8 mai.

Armand (Hubert), directeur général du contrôle de la solde de la garde nationale. — 18 mai.

Armand, commandant le 34e bataillon — 28 avril.

Arnaud (Antoine), membre du Comité central. — 20 mars.
Délégué à l'Intérieur. — 25 mars.
Élu à la Commune. — 28 mars.
Membre de la Commission des relations extérieures. — 30 mars.
Membre de la Commission des services publics — 22 avril.
Membre du Comité de salut public. — 2 mai.

Arnaud (J.), artiste lyrique, membre du Comité des concerts au bénéfice des veuves et orphelins des gardes nationaux. — 26 avril.

Arnaud-Durbec, membre de la Commission fédérale des artistes pour les peintres. — 22 avril.

Arnd (Jean), aide-major du 200ᵉ bataillon. — 10 mai.

Arnold (H.), juge suppléant à la Cour martiale. — 13 mai.

Arnold, membre du Comité central. — 20 mars. Élu à la Commune. — 20 avril. Membre de la Commission de la guerre. — 22 avril.

Arnould (Arthur), élu à la Commune. — 28 mars. Membre de la Commission des relations extérieures. — 30 mars. Membre de la Commission des subsistances. — 22 avril.

Assi, membre du Comité central. — 20 mars. Élu à la Commune. — 28 mars. Membre de la Commission de sûreté générale. — 30 mars. Délégué aux ateliers de fabrication de munitions de guerre. — 17 avril.

Astruc, aide-major du 209ᵉ bataillon. — 10 mai.

Aubert (Paul), commissaire-priseur. — 12 mai.

Aubin (Émile), membre de la Commission fédérale pour les artistes industriels. — 22 avril.

Audebert, membre de la Commission municipale du XIIe arrondissement. — 4 mai.

Audoynaud, membre du Comité central. — 7 avril.

Membre de la Commission d'enquêtes et secours à la guerre. — 19 mai.

Auger (1), membre du jury d'accusation. — 7 mai.

Avoine fils, membre du Comité central. — 22 mars.

Membre de la Commission de cavalerie à la guerre. — 19 mai.

Avrial, élu à la Commune. — 28 mars.

Membre de la Commission du travail. — 30 mars.

Membre de la Commission exécutive. — 11 avril.

Membre de la Commission de la guerre. — 22 avril.

Directeur général du matériel de l'artillerie. — 7 mai.

(1) Le *Journal officiel* de la Commune fait suivre de l'indication de leur adresse le nom des 80 membres composant le jury d'accusation.—Voyez, au numéro du 7 mai, la séance de la Commune dans laquelle ces membres furent nommés.

B

Babick, membre du Comité central. — 20 mars.

Élu à la Commune. — 28 mars.

Membre de la Commission de justice. — 30 mars.

Passé à la Commission des services publics. — 14 avril.

Bachelet (Pierre-Auguste-Étienne), juge de paix du IVe arrondissement. — 12 mai.

Badin, chargé de délivrer les effets d'habillement de la garde nationale. — 27 avril.

Bailly, membre du jury d'accusation.—7 mai.

Balme, aide-major du 21e bataillon. — 29 avril.

Barbette (Jules-André), chirurgien-major du 113e bataillon. — 10 mai.

Bardet (Eugène), sous-aide-major du 119e bataillon. — 22 avril.

Barlier, lieutenant de la garde nationale. — 13 avril.

Baron, membre du Comité central. — 21 mars.

Membre du jury d'accusation. — 7 mai.

Barral, juge d'instruction au parquet du procureur de la Commune. — 16 mai.

Barraud-Boijoly, aide-major du 59e bataillon — 8 mai.

Barraux, chef du 6e secteur. — 6 avril.

Barré, élu à la Commune. — 28 mars. Démissionnaire. — 2 avril.

Barrois, lieutenant de la garde nationale. — 12 mai.

Barroud, membre du Comité central. — 20 mars.
Membre de la Commission d'infanterie à la Guerre. — 19 mai.

Barthly, aide-major du 260e bataillon. — 12 mai.

Bastelica, directeur des contributions indirectes. — 1er avril.

Bastide, aide-major du 98e bataillon. — 20 mai.

Bauchu, membre du bureau militaire de la 8e légion. — 18 mai.

Baudy (Jean-Pierre-Lucien), nommé huissier. — 28 avril.

Bautier, chirurgien-major du 149e bataillon. — 19 avril.

Baux (J.), membre du bureau militaire, maire du XIe arrondissement. — 11 mai.

Bayeux-Dumesnil, administrateur délégué à la mairie du IXe arrondissement. — 5 avril.
Président de l'Association générale des Défenseurs de la République. — 9 mai.

Bazalgette, chirurgien-major du 119e bataillon — 22 avril.

Bazalgette (Auguste), aide-major du 82e bataillon. — 9 mai.

Bazet, chirurgien-major du 184e bataillon. — 8 mai.

Béasse, membre suppléant de la Commission d'enquête pour les pensions aux victimes de la guerre. — 28 avril.

Beaufort, capitaine d'état-major. — 17 avril.

Bebrie, membre du jury d'accusation. — 7 mai.

Bech (Lauritz), aide-major du 67e bataillon. — 11 mai.

Becq (Théophile), lieutenant au 61e bataillon. — 21 avril.

Becquet, membre de la Commission fédérale des artistes pour les sculpteurs. — 22 avril.

Bédouch, président du Comité central des 20 arrondissements. — 31 mars.

Belin (de). — Voir **Blin**.

Bellart (Henry), médecin-major du 177e bataillon. — 1er mai.

Bellenger (Georges), membre de la Commission fédérale des artistes pour les graveurs lithographes. — 22 avril.

Belliot, sous-aide-major du 79ᵉ bataillon. — 19 avril.

Benoît (Pierre-Émile), chirurgien-major du 164ᵉ bataillon. — 8 mai.

Berche, capitaine, commandant la canonnière *la Liberté* (ex-*Farcy*). — 4 mai.

Berge, sous-lieutenant au 234ᵉ bataillon. — 4 avril.

Bergeret (Jules), membre du Comité central. — 21 mars.
Général chargé de l'exécution de tous les services militaires. — 24 mars.
Élu à la Commune. — 28 mars.
Membre de la Commission exécutive et de la Commission militaire. — 30 mars.
Délégué à l'état-major de la garde nationale. — 2 avril.
Commandant la place de Paris. — 5 avril.
Remplacé à ce dernier poste. — 8 avril.
Délégué à la Commission de la guerre. — 29 avril.
Commande la 1ʳᵉ brigade de réserve. — 6 mai.
Membre de la Commission militaire. — 16 mai.

Berghonioux, chirurgien-major du 172ᵉ bataillon. — 11 mai.

Berjaud, lieutenant aux turcos de la Commune. — 2 mai.

Bernard, aide-major du 169ᵉ bataillon. — 29 avril.

Bernard (Jean), inspecteur général des ambulances civiles et militaires. — 5 mai.
Membre du jury d'accusation. — 7 mai.

Bernard (Benoît), juge de paix du IXᵉ arrondissement. — 3 mai.

Bertaux, aide-major du 107ᵉ bataillon. — 12 mai.

Berteault, colonel de la 9ᵉ légion. — 14 mai.

Bertin, membre de la Sous-Commission des ravaux publics à Paris. — 2 avril.
Secrétaire général de la Commission du travail et de l'échange. — 15 mai.

Bertine (G.), secrétaire de la Commission du ravail. — 2 avril.

Bertringer (Th.), secrétaire du Comité de fédération artistique — 2 mai.

Beslay, élu à la Commune. — 28 mars.
Membre de la Commission des finances. — 30 mars.
Délégué à la Banque de France. — 11 avril.

Besnard (Charles), lieutenant au 134ᵉ bataillon. — 21 avril.

Besnard, chirurgien-major du 106e bataillon. — 8 mai.

Besse, médecin-major du 169e bataillon. — 29 avril.
Chirurgien principal de la 18e légion. — 19 mai.

Bézat, commandant du fort de Montrouge. — 23 avril.

Bibal, président de la Commission des écoles du IIIe arrondissement. — 18 mai.

Bigonville, aide-major du 129e bataillon. — 12 mai.

Bigot, membre du jury d'accusation. — 7 mai.

Billard (Elphége-Jules), chirurgien-major du 83e bataillon. — 28 avril.
Démissionnaire. — 8 mai.

Billioray, membre du Comité central. — 20 mars.
Élu à la Commune. — 28 mars.
Membre de la Commission des services publics. — 30 mars.
Membre de la Commission des finances. — 22 avril.
Membre du Comité de salut public. — 13 mai.

Biondetti (Annibal-Napoléon), chirurgien-major du 233e bataillon. — 20 mai.

Bisson, membre de la Commission d'armement à la Guerre. — 19 mai.
Membre du Comité central. — 20 mai.

Blanchard (Louis), aide-major du 95ᵉ bataillon. — 1ᵉʳ mai.

Blanche (Joseph), membre du jury d'accusation. — 7 mai.

Blanchet (Hector-Louis-Alexandre), juge rapporteur suppléant à la Cour martiale. — 17 mai.

Blanchet, de son vrai nom **Pourille** (Stanislas), membre du Comité central. — 20 mars.
Élu à la Commune. — 28 mars.
Délégué à la Commission de justice. — 4 avril.
Révoqué et arrêté. — 6 mai.

Blanqui, élu à la Commune (1). — 28 mars.

Blin, colonel, chef de la 5ᵉ légion de la garde nationale. — 13 avril.

Blin de Belin, médecin-major du 260ᵉ bataillon. — 9 et 13 mai.

Bloch (Georges), médecin-major du 207ᵉ bataillon. — 19 mai.

Block, délégué pour un appel aux marins. — 7 avril.

Bœuf, membre du jury d'accusation. — 7 mai.

Bogues (Jacques), aide-major du 101ᵉ bataillon. — 1ᵉʳ mai.

Boijoly. — Voir Barraud.

Boileau fils, membre de la Commission fédérale des artistes pour les architectes. — 22 avril.

(1) Était en prison, loin de Paris, et n'a jamais siégé.

Boiron, secrétaire général du ministère de la Marine. — 29 avril.

Boisseau, chef du personnel à la Marine. — 20 mai.

Boizard, comptable à la Bibliothèque nationale. — 10 mai.
Démissionnaire. — 18 mai.

Bonnard, membre de la Commission de révision des noms des salles des hospices et hôpitaux. — 10 mai.

Bonnaur, chef d'escadron d'artillerie. — 24 avril.

Bonneau (Jules), aide-major de la 2ᵉ batterie de la 11ᵉ légion. — 11 mai.

Bonnefont, membre de la Commission communale du XVIIᵉ arrondissement. — 28 avril.

Bonnefoy, membre de la Commission médicale à la Guerre. — 19 mai.
Membre du Comité central. — 20 mai.

Bonnet (Célestin), aide-major du 38ᵉ bataillon. — 16 mai.

Bonnières, chirurgien principal de la 2ᵉ légion. — 19 avril.

Bontemps (Gaston), sous-aide-major du 125ᵉ bataillon de la garde nationale. — 23 avril.
Passé au 175ᵉ bataillon. — 26 avril.

Bonvin, membre de la Commission fédérale des artistes pour les peintres. — 22 avril.

Bordas. — Voir **Ferretti.**

Bouard, aide-major du 71ᵉ bataillon. — 2 avril.

Boudier, membre de la Commission fédérale pour les artistes industriels. — 22 avril.

Bougarel, médecin-major du 72ᵉ bataillon. — 30 avril.

Bouis (Casimir), président de la Commission d'enquête sur les actes du gouvernement du 4 septembre. — 16 avril.

Bouit, membre du Comité central. — 20 mars. Membre de la Commission des subsistances à la Guerre. 19 mai.

Boullenger, membre de la Commission des équipages à la guerre. — 19 mai.
Membre du Comité central. — 20 mai.

Bouneau. — Voir **Bonneau.**

Bounichon (Louis), sous-lieutenant au 206ᵉ bataillon. — 21 avril.

Bourceret, sous-aide-major du 149ᵉ bataillon. — 19 avril.

Bourdel (Prosper), chirurgien-major du 224ᵉ bataillon. — 20 mai.

Bourdillard, membre du jury d'accusation. — 7 mai.

Bourdon, aide-major du 162ᵉ bataillon. — 19 mai.

Bouré, membre du jury d'accusation. — 7 mai.

Bourgeat, capitaine de la canonnière *la Liberté* (ex-canonnière *Farcy*), donne sa démission. — 20 avril.

Bourgeot (Alexis), aide-major du 3ᵉ bataillon. — 9 mai.

Bourgoin, colonel d'état-major de la garde nationale. — 9 avril.

Bourneville, chirurgien-major du 160ᵉ bataillon. — 20 avril.

Boursier, membre du Comité central. — 20 mars.
Lieutenant et membre de la Cour martiale. — 17 avril.

Boussagol, adjudant, membre de la Commission de la solde de la garde nationale. — 7 avril.

Bouteiller, élu à la Commune. — 28 mars.
Démissionnaire. — 2 avril.

Boutin (Joseph), nommé huissier. — 29 avril.

Bouvié, aide-major du 240ᵉ bataillon.—12 mai.

Bozier, membre de la Commission communale du XVIIᵉ arrondissement. — 28 avril.

Bracquemond, membre de la Commission fédérale des artistes pour les graveurs lithographes. — 22 avril.

Brancas, aide-major du 102ᵉ bataillon. — 9 mai.

Brelay, élu à la Commune. — 28 mars. Démissionnaire. — 2 avril.

Bremberger, médecin-major du 76e bataillon. — 12 mai.

Bressler, membre du bureau militaire de la 8e légion. — 18 mai.

Breuillé (Alfred), substitut du procureur de la Commune. — 16 mai.

Briau, chirurgien-major du 57e bataillon. — 9 mai.

Briguel, chirurgien-major du 175e bataillon de la garde nationale. — 23 avril.
Chirurgien principal de la 10e légion. — 28 avril.

Brin, membre de la Commission du génie à la Guerre. — 19 mai.

Briosne, élu à la Commune. — 20 avril. Démissionnaire. — 23 avril.

Brissac (Henri), publiciste, secrétaire général de la Commission exécutive de la Commune. — 18 avril.

Brocchi (Paul), chirurgien-major du 84e bataillon. — 28 avril.

Broussé (de). — Voir **Faure**.

Brulaut (Désiré), aide-major du 71e bataillon. — 9 mai.

Brun (Barthélemy), sous-aide-major au 85e bataillon. — 28 avril.

Brunel, chef de la 10ᵉ légion. — 6 mai.

Brunel, général. — 25 mars.
Élu à la Commune. — 28 mars.
Mis en disponibilité comme général. — 2 avril.

Brunschwig, capitaine d'état-major. — 6 mai.

Bugat, délégué du XIVᵉ arrondissement à la Commission des barricades. — 13 avril.

Buisson (A.), colonel commandant les chasseurs fédérés.
Se dit « ex-enseigne de vaisseau, ex-lieutenant aux zouaves, ex-chef de bataillon au 1ᵉʳ régiment d'éclaireurs. » — 8 avril.

Buisson, chirurgien-major du 109ᵉ bataillon. — 11 mai.

Burani (Paul), secrétaire de la Fédération artistique des musiciens et artistes dramatiques. — 18 avril.

Bureau, aide-major du 150ᵉ bataillon. — 30 avril.

Burelle, lieutenant au 79ᵉ bataillon. — 19 mai.

Butin (Louis), peintre en bâtiments, lieutenant au 105ᵉ bataillon. — 24 avril.

C

Cadenat, aide-major du 29ᵉ bataillon. — 11 mai.

Caillet, membre du jury d'accusation.—7 mai.

Camélinat, directeur de la Monnaie. — 9 mai.

Caminad, capitaine de place, à la 8ᵉ légion. — 14 mai.

Canis (Jean), juge au Tribunal civil de la Commune. — 16 mai.

Capellaro, membre du bureau militaire du XIᵉ arrondissement. — 11 mai.

Carle, chirurgien-major du 150ᵉ bataillon de la garde nationale. — 25 avril.

Carlevan, aide-major du 217ᵉ bataillon. — 19 mai.

Carneiro da Cunha, chirurgien-major du 38ᵉ et du 72ᵉ bataillon. — 13 et 14 mai.

Caron, ingénieur, secrétaire général de la Commission des services publics. — 10 avril.

Caron (Alfred), membre du jury d'accusation. — 7 mai.

Casset, membre du jury d'accusation.— 7 mai.

Cassin, membre du jury d'accusation.— 7 mai.

Cassou (Gaston), contrôleur des finances — 21 mai.

Castioni, membre du Comité central. — 20 mars.
Commande le 7ᵉ secteur. — 1ᵉʳ avril.

Cavalier (Georges), ingénieur, chef du service des voies et promenades publiques. — 10 avril.

Cellier, chef du 254ᵉ bataillon — 27 avril.

Cernatesco, aide-major du 3ᵉ bataillon. — 19 mai.

Chabert, membre de la Commission fédérale pour les artistes industriels. —15 et 22 avril.

Chain (François-Marcelin), nommé huissier. — 28 avril.

Chairmartin (Remy), nommé huissier. — 28 avril.

Chalain, élu à la Commune. — 28 mars.
Membre de la Commission de sûreté générale.— 30 mars.
Membre de la Commission du travail et de l'échange. — 22 avril.

Chalvet, membre du Comité central —31 mars.

Chambulant, membre du jury d'accusation. — 7 mai.

Champeaux, médecin-major du 182ᵉ bataillon. — 16 mai.

Champeval, membre de la Commission de l'octroi. — 2 avril.

Champy, élu à la Commune. — 28 mars.
Membre de la Commission des subsistances. — 30 mars.

Chapon, directeur des lits militaires. — 27 avril.

Chapusot, médecin-major du 106ᵉ bataillon.— 8 mai.

Chapuis (Scipion), chirurgien-major du 163ᵉ bataillon. — 13 mai.

Chapuy, membre de la Commission fédérale des artistes pour les sculpteurs. — 22 avril.
Adjoint à l'administrateur du musée du Luxembourg. — 17 mai.

Charalambo (Constantin), chirurgien-major du bataillon des éclaireurs fédérés. — 20 mai.

Chardon (colonel), délégué à l'ex-Préfecture de police. — 21 mars.
Élu à la Commune. — 28 mars.
Membre de la Commission militaire. — 30 mars,
Membre de la Commission de sûreté générale.— 6 avril.
Commandant militaire de la Préfecture de police et membre de la Cour martiale. — 17 avril.

Charles, membre du jury d'accusation —7 mai.

Charpentier, sous-aide-major du 172ᵉ bataillon de la garde nationale. — 25 avril.
Chirurgien-major du 64ᵉ bataillon. — 13 mai.

Charrassin (Frédéric), aide-major du 212ᵉ bataillon. — 30 avril.

Chateau, membre de la Commission de l'habillement et du campement à la Guerre.— 19 mai.

Chatelet, lieutenant au 61ᵉbataillon de la garde nationale. — Tué à Meudon,
« Il était, dit le *Journal officiel*, professeur de mathématiques. » — 16 avril.

Chattelain, chef de la sûreté à l'ex-Préfecture de police. — 13 avril.

Chaussin, membre du jury d'accusation. — 7 mai.

Chautard, membre du Comité d'artillerie. — 19 mai.

Chauvière (Charles), aide-major du 1ᵉʳ bataillon de la garde nationale. — 10 mai.

Chavenon, chef d'escadron d'état-major. — 6 mai.

Chavoutier, l'un des chefs du service de la voie et du plan de Paris. — 10 avril.

Chenat, aide-major du 8ᵉ bataillon. — 16 mai.

Cheradame (Louis-Edmond), juge de paix du IIᵉ arrondissement. — 3 mai.

Chérat (Laurent), aide-major du 260ᵉ bataillon. — 9 mai.

Chéron, élu à la Commune. — 28 mars. Démissionnaire. — 2 avril.

Chesneau, membre de la Commission fédérale pour les artistes industriels. — 21 avril.

Chouteau, membre du Comité central. — 22 mars.
Membre de la Commission de cavalerie à la Guerre. — 19 mai.

Cibot (Firmin-Léonard), commissaire-priseur. — 12 mai.

Claret (Antoine), médecin-major du 120ᵉ bataillon. —20 mai.

Claude, médecin adjoint de l'Hôtel-de-Ville.— 6 avril.

Claverie, chirurgien principal de la 5ᵉ légion. 21 avril.

Clémence, élu à la Commune. — 28 mars.
Membre de la Commission de justice. — 22 avril.

Clément (Émile-Léopold), élu à la Commune. —28 mars.
Membre de la Commission des subsistances. — 30 mars.
Membre du Comité de sûreté générale.—14 mai.
Est arrêté. — 21 mai.

Clément (J.-B.), élu à la Commune.—28 mars.

Membre de la Commission des services publics. — 30 mars.

Collaborateur du *Journal officiel.* — Numéro du 3 avril.

Délégué aux ateliers de fabrication de munitions de guerre. — 17 avril.

Clément (Victor), élu à la Commune. — 28 mars.

Membre de la Commission des finances. — 30 mars.

Membre de la Commission d'enseignement et des subsistances. — 22 avril.

Membre de la Commission de révision des jugements de la Cour martiale. — 25 avril.

Clerjaud, membre de la Commission communale du XVIe arrondissement. — 6 avril.

Cluseret (général), délégué à la Guerre, conjointement avec le citoyen Eudes. — 3 avril.

Seul délégué à la Guerre. — 4 avril.

Élu à la Commune — 20 avril

Membre de la Commission exécutive. — 27 avril.

Révoqué comme délégué à la Guerre. — 1er mai.

Coba, lieutenant aux turcos de la Commune. — 2 mai.

Cocheux (Antoni), sous aide-major au 160e bataillon. — 20 avril.

Cochez, sous-aide-major du 229e bataillon. — 21 avril.

Collet (J.), lieutenant-colonel sous-chef d'état-major du général Eudes, et membre de la Cour martiale. — 17 avril.

Colonel, juge à la Cour martiale – 13 mai.

Collin (H.), membre du bureau militaire du XIe arrondissement. — 11 mai.

Collin-Delacroix, membre du jury d'accusation. — 7 mai.

Collongues, sous-aide-major du 1er bataillon de la garde nationale. — 23 avril.

Chirurgien-major du même bataillon. — 20 mai.

Combatz (Lucien), directeur général des lignes télégraphiques. — 21 mars.

Commandant en chef de la 6e légion. — 14 mai.

Relevé de ses dernières fonctions. — 19 mai.

Combault, délégué à la direction générale des Contributions directes. — 3 avril.

Constant (D^r), membre de la Commisssion municipale du XIIe arrondissement — 4 mai.

Coppens, juge au tribunal civil de la Commune. — 13 mai.

Corme, membre du jury d'accusation — 7 mai.

Corot, membre de la Commission fédérale des artistes pour les peintres. — 22 avril.

Cotinar, membre du jury d'accusation. — 7 mai.

Cottereau, commandant de la garde nationale. — 15 mai.

Coudoin, aide-major du 163e bataillon. — 13 mai.

Coupey, juge d'instruction au parquet du procureur de la Commune. — 16 mai.

Courbet (Gustave), président des artistes. — 6 avril.
Élu à la Commune. — 20 avril.
Membre de la Commission de l'enseignement. — 22 avril.
Membre de la Commission de fédération des artistes. — 22 avril.

Cournet, élu à la Commune. — 28 mars.
Membre de la Commission de sûreté générale. — 30 mars.
Membre de la Commission exécutive. — 4 avril.
Délégué à la sûreté générale. — 25 avril.
Membre de la Commission musicale — 10 mai.
Membre de la Commission militaire. — 16 mai.

Courtillier, chirurgien principal de la garde nationale. Est remplacé. — 5 mai.

Coutouly, lieutenant-colonel d'état-major. — 18 mai.

Couturier, membre de la Commission communale du XXe arrondissement. — 5 avril.

Couzier (Philippe), chirurgien-major du 83e et du 198e bataillon. — 29 avril et 13 mai.

Cremel (Léon), chirurgien-major du 182e bataillon.

Criquet (Pierre-Élie), nommé huissier —28 avril.

Cros (Antoine), chirurgien-major du 249ᵉ bataillon. — 21 avril.

Cros (Charles), sous-aide-major du 249ᵉ bataillon. — 21 avril.

Crouzat (Jean-Baptiste), nommé huissier — 29 avril.

Culot, capitaine, tué à Neuilly. — 21 avril.

Curie, médecin-major du 17ᵉ bataillon.—8 mai.

Cury (Émile), médecin-major du 258ᵉ bataillon. — 19 mai.

D

Dacosta (E.), membre de la Commission d'organisation d'enseignement. — 28 avril.

Dacosta (Gaston), substitut du procureur de la Commune. — 5 mai.

Da Cunha. —Voir **Carneiro**.

Dalou, membre de la Commission fédérale des artistes pour les sculpteurs. — 15 et 22 avril.
Adjoint à l'administrateur des musées du Louvre. — 17 mai.

Dancel, chirurgien principal de la 12ᵉ légion. — 22 avril.

Démissionnaire. — 20 mai.

Dandeville, membre de la Commission municipale du XIIᵉ arrondissement. — 4 mai.

Dangers, membre de la Commission communale du XXᵉ arrondissement. — 5 avril.

Danserger, membre du jury d'accusation. — 7 mai.

Dardelles, colonel commandant les cavaliers de la République, et commandant le palais des Tuileries. — 22 mars.

Darnal, membre de la Commission communale du XVIᵉ arrondissement. — 6 avril
Chef des barricades de son arrondissement. — 13 avril.

Darney, chirurgien-major du 102ᵉ bataillon. — 8 mai.

Darras (Charles-François-Octavie), greffier de la justice de paix du IVᵉ arrondissement. — 14 mai.

Darroze (Alfred), chirurgien-major du 118ᵉ bataillon. — 22 avril.

Daumier, membre de la Commission fédérale des artistes pour les peintres. — 22 avril.

David. commissaire de surveillance au chemin de fer de Lyon. — 23 avril.

Daviot, peintre en bâtiments, lieutenant-colonel de la 10ᵉ légion. — 18 mai.

Davoust, membre de la Commission communale du XVII⁰ arrondissement. — 28 avril.

Debeney, chirurgien principal de la 18⁰ légion. — 23 avril.
Démissionnaire. — 19 mai.

Deblézer, membre de la Commission fédérale des artistes pour les sculpteurs. — 22 avril.

Deboudt (Constant), chirurgien-major du 34⁰ bataillon. — 19 mai.

Debray, chirurgien-major du 52⁰ bataillon. — 8 mai.

Debrousse-Latour, aide-major du 117⁰ bataillon. — 8 mai

Decamp, élu à la Commune. — 28 mars.

Deconvenance (Edmond-Joseph), juge de paix du XVIII⁰ arrondissement. — 3 mai.

Decugis, chirurgien-major des turcos de la Commune. — 14 mai.

Dediot (père), membre de l'administration communale du III⁰ arrondissement — 18 mai.

Degravier (Charles), chirurgien-major du 177⁰ bataillon. — 1ᵉʳ mai.

Delacroix. — Voir Collin.

Delahaye, délégué de la Chambre syndicale des sociétés ouvrières. — 28 avril.

Delahaye (Victor), comptable à la Bibliothèque nationale. — 18 mai.

Delamarche, membre de la Commission de l'octroi. — 2 avril.

Delannoy (François-Joseph), contrôleur des finances. — 21 mai.

Delaroche (Jean-Marie-Olivier), sous-aide major du 118ᵉ bataillon. — 22 avril.

Delarue, médecin-major du 11ᵉ bataillon. — 8 mai.

Delasaigne, aide-major secrétaire du service supérieur de santé de la garde nationale. — 10 avril.

Delaury, membre de la Commission d'enquête pour les pensions aux victimes de la guerre. — 28 avril.

Delavigne (Louis), aide-major du 174ᵉ bataillon. — 19 mai.

Delbourg, chirurgien-major du 92ᵉ bataillon de la garde nationale. — 25 avril.

Delbrouck, membre de la Commission fédérale des artistes pour les architectes (1). — 22 avril.

Delescluze, élu à la Commune. — 28 mars.
Membre de la Commission des relations extérieures. — 30 mars.
Membre de la Commission exécutive. — 4 avril.
Membre de la Commission de la guerre. — 22 avril.
Membre du Comité de salut public. — 10 mai.
Délégué civil à la Guerre. — 11 mai.

(1) Nommé chevalier de la Légion d'honneur pendant le siége de Paris ; a refusé la décoration.

2.

Delguey (Hyacinthe), aide-major du 85ᵉ bataillon. — 28 avril.

Delmotte, gardien conservateur du musée Carnavalet. — 16 et 17 mai.

Deloulme, chirurgien-major du 54ᵉ bataillon. — 11 mai.

Demaison, aide-major du 201ᵉ bataillon. - 11 mai.

Demay, élu à la Commune. — 28 mars.
Membre de la Commission d'enseignement. — 30 mars.

Deneuviller, capitaine au 234ᵉ bataillon. — 4 avril.

Denneval (Toussaint-Sylvain), juge de paix du Iᵉʳ arrondissement. — 3 mai.

Dereins, médecin-major du 103ᵉ bataillon. — 9 mai.

Dereure, élu à la Commune. — 28 mars.
Membre de la Commission des subsistances. — 30 mars.
Membre de la Commission de justice. — 22 avril
Membre de la Commission de révision des jugements de la Cour martiale. — 25 avril.
Commissaire civil délégué à l'armée de Dombrowski. — 17 mai.

Derrécagaix, chirurgien-major du 103ᵉ bataillon. — 8 mai.

Descamps (Jacques), membre de la Commission municipale du XIIᵉ arrondissement. — 4 mai.

Deschamps, membre du jury d'accusation — 7 mai.

Desjardins (Louis-Émile), « garçon de lavoir », sous-lieutenant au 105ᵉ bataillon. — 24 avril.

Desmarest, élu à la Commune. — 28 mars. Démissionnaire. — 2 avril.

Dessaus, aide-major du 117ᵉ bataillon. — 9 mai.

Dessesquelle (François-Edmond), secrétaire général de la Délégation de justice. — 3 mai.

Detray, chirurgien-major du 53ᵉ bataillon. — 8 mai.

Devaux, aide-major au 159ᵉ bataillon. — 19 mai.

Devaux (Charles), chef du bureau central de l'assistance extérieure et des communes suburbaines à l'Hôtel-de-Ville. — 19 avril.

Deviers (Remy), aide-major du 13ᵉ bataillon. — 1ᵉʳ mai.

Devresse, membre du jury d'accusation. — 7 mai.

Dewahouïs, médecin-major du 141ᵉ bataillon. — 9 mai.

Dianoux, membre de la Commission communale du XVIIᵉ arrondissement. — 28 avril.

Dibast, chirurgien-major du 247ᵉ bataillon. — 9 mai.

Didier. — Voir **Martin**.

Doby, commandant de place à Asnières. —
7 mai.

Doliget, membre du jury d'accusation. —
7 mai.

Dombrowski (Ladislas), commandant la place
de Paris. — 8 avril.
Général. — 17 avril.
Commande le 1er grand commandement. —
29 avril.
Directeur des opérations militaires sur la rive
droite. — 6 mai.

Dornay, directeur de l'ambulance de la rue
Servan (IIe arrondissement). — 13 mai.

Dourlen (Gustave), chirurgien-major du 86e
bataillon. — 21 avril.

Doussot (Bertrand-Paul-Édouard), capitaine
de frégate, est nommé chef d'état-major de la flottille de la Seine. — 7 mai.

Drau (Jean-Baptiste), capitaine au 114e bataillon. — 21 avril.

Drevet, membre du jury d'accusation.—7 mai.
Membre de la Commission des subsistances à la
Guerre. — 19 mai.
Membre du Comité central. — 20 mai.

Drouet (Arsène), médecin-major du 83e bataillon. — 20 mai.

- **Dubail**, chirurgien principal de la 19ᵉ légion. — 28 avril.

Dubard, membre de l'administration de l'Orphelinat du IIIᵉ arrondissement. — 18 mai.

Du Bisson (Raoul), chef d'état-major général de la garde nationale. — 22 mars.

Dublanchet, chirurgien principal de la 15ᵉ légion. — 25 avril.

Dubois (Hippolyte), membre de la Commission fédérale des artistes pour les peintres. — 15 et 22 avril.

Dubois (Paul), chirurgien-major du 7ᵉ bataillon. — 28 avril.

Dubois, capitaine de la flottille.— 20 mai.

Dubray, membre du jury d'accusation.—7 mai.

Dubreuil, membre de la Commission municipale du XIIᵉ arrondissement. — 4 mai.

Duc, médecin-major du 100ᵉ bataillon. — 28 avril.

Ducamp, membre du Comité central.— 30 mars. Membre de la Commission des subsistances à la Guerre. — 19 mai.

Duclaux, aide-major du 229ᵉ bataillon. — 29 avril.

Ducoudray, médecin-major du 104ᵉ bataillon. — 12 mai.

Ducreux, commissaire de surveillance au chemin de fer du Nord. — 23 avril.

Dudoit, membre du bureau militaire du XIe arrondissement. — 11 mai.

Dugit, sous-aide-major du 92e bataillon de la garde nationale. — 25 avril.

Dumesnil, médecin-major du 194e bataillon. — 20 mai.

Dumolin, médecin-major du 132e bataillon. — 20 mai.

Dumont, commandant du fort d'Issy, ancien chef du 101e bataillon. — 8 mai.

Dumont, membre du jury d'accusation — 7 mai.

Duperrier (Claude), sous-lieutenant. — 21 avril.

Dupont, chirurgien-major du 58e bataillon. — 8 mai.

Dupont, élu à la Commune. — 20 avril.
Membre de la Commission de sûreté générale. — 22 avril.

Dupont (Clovis), membre du Comité central. — 20 mars.
Élu à la Commune. — 28 mars.
Membre de la Commission du travail. — 30 mars.

Duprat (Bernard), chirurgien-major du 205e bataillon. — 28 avril.

Duprat, commandant le 223ᵉ bataillon sédentaire. — 28 avril.

Durand (G.), caissier principal de la Délégation des finances. — 4 mai.

Durand (Victor), capitaine au 105ᵉ bataillon. — 24 avril.

Durand, élu à la Commune. — 20 avril.
Membre de la Commission de justice. — 22 avril

Durand, capitaine au 170ᵉ bataillon. — 13 avril.

Durand, caissier principal de la garde nationale. — 26 mars.

Durand, médecin-major du 153ᵉ bataillon. — 12 mai.

Durand, aide-major du 144ᵉ bataillon. — 12 mai.

Durassier (A.), colonel d'état-major, commandant le fort de Vanves. — 7 mai.

Durassier, commandant de la flottille. — 5 avril.
Est relevé de ses fonctions. — 25 avril.

Durbec. — Voir Arnaud.

Durdas, chirurgien-major du 117ᵉ bataillon. — 9 mai.

Durnof (Claude-Jules), capitaine des aérostiers civils et militaires. — 24 avril.

Dussaut, membre du jury d'accusation. — 7 mai.

Dutour, membre du jury d'accusation. — 7 mai.

Duval, sous-aide-major du 215e bataillon. — 20 avril.

Duval, chirurgien principal de la 16e légion. — 20 avril.

Duval, commandant, délégué à l'ex-Préfecture de police. — 21 mars.
Général. — 25 mars.
Élu à la Commune. — 28 mars.
Membre de la Commission militaire. — 30 mars.
Délégué au commandement militaire de l'ex-Préfecture de police. — 2 avril.

Duvivier, délégué adjoint à l'ex-Préfecture de police. — 21 mars.

E

Entremont (d'). —Voir Ozouf.

Éperon, médecin-major du 57ᵉ bataillon. — 9 mai.

Escarfail (Gabriel), contrôleur des finances. — 25 mai.

Esconnière, chef de la 4ᵉ légion. —12 mai.

Estien, membre de la Commission communale du XVIIᵉ arrondissement. — 28 avril.

Eudes (1), membre du Comité central. — 23 mars.

Général. — 25 mars.

Élu à la Commune. — 28 mars.

Membre de la Commission exécutive et de la Commission militaire. — 30 mars.

Délégué à la Guerre. — 2 avril.

(1) Au sujet de ce général, de son état-major et de leur séjour, pendant le règne de la Commune, à la grande Chancellerie, voyez les rapports et documents authentiques publiés dans notre brochure *la Légion d'honneur et la Commune*. Paris, Dentu, in-18.

Commandant des forts du Sud. — 16 avril.

Inspecteur général des forts de la rive gauche de la Seine. — 21 avril.

Commande la 2e brigade active de réserve. — 6 mai.

Membre du Comité de salut public. — 10 mai

Eymard (Célestin), capitaine au 141e bataillon. — 21 avril.

F

Fabre, membre du Comité central. — 20 mars
Membre de la Commission médicale, à la Guerre. — 19 mai.

Faillet, délégué à la Direction générale des contributions directes. — 3 avril.

Faivre, chirurgien-major du 8e bataillon de la garde nationale. — 25 avril.

Fanchers, membre du jury d'accusation. — 7 mai.

Faure de Broussé (Désiré), aide-major du 63e bataillon. — 9 mai.

Favre (C.), membre du bureau militaire du XIᵉ arrondissement. — 11 mai.

Feld-Meyer, membre du bureau militaire du XIᵉ arrondissement. — 11 mai.

Ferrat, membre du Comité central. — 20 mars.

Ferré (Théophile), élu à la Commune. — 28 mars.
Membre de la Commission de sûreté générale. — 30 mars.
Substitut du procureur de la Commune. — 5 mai.
Délégué à la sûreté générale. — 14 mai.

Ferrero-Gola, chirurgien-major des ambulances. — 14 mai.

Ferretti-Bordas, l'un des chefs du service de la voie et du plan de Paris. — 10 avril.

Ferry, élu à la Commune. — 28 mars.
Démissionnaire. — 2 avril.

Fevotte, chirurgien-major du 90ᵉ bataillon. — 19 mai.

Fevret (Claude-Louis-Eugène), juge de paix du Xᵉ arrondissement. — 10 mai.

Février, commandant la batterie flottante. — 20 mai.

Feyen-Perrin, membre de la Commission fédérale des artistes pour la peinture. — 22 avril.

Fiot, chirurgien-major du 134ᵉ bataillon. — 10 juin.

Flameng, membre de la Commission fédérale des artistes pour les graveurs lithographes. — 22 avril.

Flamet (Jules), juge suppléant au tribunal civil de la Commune. — 13 mai.

Fleury (Paul), nommé commissaire-priseur. — 28 avril.

Fleury, membre du Comité central.—22 mars.

Flourens (Gustave), adjoint au maire du XXᵉ arrondissement. — 26 mars.
Élu à la Commune. — 28 mars.
Général à titre provisoire de la 20ᵉ légion de la garde nationale. — 29 mars.
Membre de la Commission militaire. — 30 mars.

Foli (Jean), aide-major du 240ᵉ bataillon. — 9 mai.

Fontaine (Joseph), séquestre des biens du clergé. — 7 mai.

Fontaine, directeur des Domaines, chef de l'atelier général du timbre. — 12 avril.

Fontolive, chirurgien principal de la 6ᵉ légion. — 21 avril.

Fort, capitaine au 11ᵉ bataillon. — 21 avril.

Fosse, chirurgien-major du 248ᵉ bataillon. — 8 mai.

Fougeret, membre du Comité central. — 20 mars.

Membre de la Commission de l'habillement et du campement, à la Guerre. — 19 mai.

Fourès, médecin major du 152ᵉ bataillon. — 29 avril.

Fournol (Léon), sous-aide-major au 86ᵉ bataillon. — 26 avril.

Fradet, ingénieur, chef du service des eaux et égouts. — 10 avril.

Franck, membre du jury d'accusation. — 7 mai.

Franckel (Léo), élu à la Commune. — 28 mars.
Membre de la Commission du travail. — 30 mars.
Adjoint à la Commission des finances. — 6 avril.
Membre de la Commission exécutive. — 27 avril.

François, capitaine au 90ᵉ bataillon. — 28 avril.

Franconi, membre de la Commission municipale du XIIᵉ arrondissement. — 4 mai.

Franquet, médecin-major du 150ᵉ bataillon. — 8 mai.

Fransin (Fortuné), membre du jury d'accusation. — 7 mai.

Fruneau, élu à la Commune. — 28 mars.
Démissionnaire. — 2 avril.
Membre de la Commission municipale du XIIᵉ arrondissement. — 4 mai.

Fuzier, membre de la Commission fédérale pour les artistes industriels. — 22 avril.

G

Gadaud, chirurgien principal de la 4ᵉ légion. — 19 avril.

Passe à la 1ʳᵉ légion. — 20 avril.

Membre de la Commission médicale. — 10 mai.

Gachery, commissaire de surveillance au che min de fer de l'Est. — 23 avril.

Gadey (Théodore), chirurgien-major du 183ᵉ bataillon. — 8 mai.

Gaillard (père), délégué des Iᵉ et XXᵉ arron- dissements à la Commission des barricades. — 13 avril.

Chargé de la direction générale des barricades.— 1ᵉʳ mai.

Démissionnaire. — 16 mai.

Gaillardet, médecin-major du 74ᵉ bataillon.— 8 mai.

Gallien, commandant le 55ᵉ bataillon —5 mai.

Gambon, élu à la Commune — 28 mars

Adjoint à la Commission de justice. — 18 avril.

Membre du Comité de salut public. — 10 mai.

Garantie (Prosper), capitaine au 105ᵉ bataillon; « menuisier », dit le *Journal officiel*. — 24 avril.

Garibaldi (Menotti), élu à la Commune. — 20 avril.

Garnier (Eugène), directeur de l'Opéra. — 10 mai.

Gastineau (Benjamin), directeur de la Bibliothèque Mazarine. — 4 mai.

Gateau, membre de la Commission municipale du XIIᵉ arrondissement. — 4 mai.

Gaube, chirurgien aide-major du 79ᵉ bataillon. — 19 avril.

Gaudet, capitaine adjudant-major au 85ᵉ bataillon. — 30 avril.

Gaudier, membre du Comité central. — 21 mars.
Membre de la Commission du contrôle général à la Guerre. — 19 mai.

Gaudilliat, secrétaire de la Délégation des subsistances — 6 avril.

Gausseron (Henri), juge d'instruction au parquet du procureur de la Commune — 16 mai.

Gauthier, médecin-major attaché à la 17ᵉ légion. — 19 mai

Gautier (Amand), membre de la Commission fédérale des artistes pour les peintres. — 22 avril.

Gazeau, chirurgien principal de la 9ᵉ légion.—
19 avril.

Geneste, chirurgien-major au 125ᵉ bataillon —
26 avril.

Genret (Albéric), médecin-major du 112ᵉ bataillon. — 16 mai.
Chirurgien principal de la 12ᵉ légion.— 19 mai.

Genton, juge d'instruction au parquet du procureur de la Commune. — 16 mai.

Geoffroy, directeur du service de la solde à la
Guerre. — 19 mai.
Membre du Comité central — 20 mai.

Gérard, secrétaire de la Commission des pensions aux veuves et aux orphelins des gardes nationaux. — 10 mai.

Gérardin (Eugène), membre de la municipalité du IVᵉ arrondissement. — 12 mai.

Gérardin (Émile), élu à la commune. — 28
mars.
Membre de la Commission du travail. — 13 mai.

Gérardin, commandant le 257ᵉ bataillon. —
28 avril.

Gérardin (Charles), élu à la Commune. — 28
mars.
Membre de la Commission de sûreté générale, de
la Commission du travail et de la Commission des
relations extérieures — 30 mars et 22 avril
Membre du Comité de salut public. — 2 mai.

Géresme, membre du Comité central. — 20 mars.

Élu à la Commune. — 28 mars.

Délégué à la Commission de justice. — 4 avril

Membre de la Commission militaire. — 16 mai.

Germain, aide-major du 247ᵉ bataillon — 9 mai.

Giachino (Louis), chirurgien-major du 21ᵉ bataillon — 29 avril.

Gigout, commandant du génie   13 avril.

Gill (André), membre de la Commission fédérale des artistes pour les graveurs lithographes. — 22 avril.

Administrateur provisoire du musée du Luxembourg. — 17 mai.

Gillard (Charles), aide-major du 136ᵉ bataillon. — 9 mai.

Girard (Jean–Baptiste), chirurgien-major du 270ᵉ bataillon. — 1ᵉʳ mai.

Giraud, membre suppléant de la Commission d'enquête pour les pensions aux victimes de la guerre. — 28 avril.

Girod, commandant le 223ᵉ bataillon de marche — 28 avril.

Girot (Jean-Nicolas), chef du 74ᵉ bataillon. — 20 avril.

Gluck, membre de la Commission fédérale des artistes pour les peintres. — 22 avril.

Adjoint à l'administrateur du musée du Luxembourg. — 17 mai.

Gois (E), rapporteur à la Cour martiale. — 5 mai.

Colonel, président de la Cour martiale.— 13 mai.

Goizet, membre de la Commission municipale du XIIe arrondissement. — 4 mai.

Gola. — Voir Ferrero.

Goldstein, aide-major du 46e bataillon. — 9 mai.

Gonard, aide-major du 65e bataillon.—12 mai.

Gondeville, membre du jury d'accusation. — 7 mai.

Gorget (Antoine), aide-major du 106e bataillon. — 8 mai.

Goubert, directeur de l'Alcazar membre du Comité des concerts en faveur des veuves et des orphelins des gardes nationaux. — 26 avril.

Goubert (Elie), aide-major du 7e bataillon. — 29 avril.

Gouffé, chirurgien-major du 116e bataillon. — 22 avril.

Démissionnaire. — 30 avril.

Gouhier, membre du Comité central. — 20 mars.

Membre de la Commission du contrôle général à la Guerre. — 19 mai.

Gouin (Emile), aide-major du 227e bataillon. — 10 mai.

Goullé (Henri), membre de la Commission du travail et de l'échange. — 5 avril.

Goullé (A.), juge rapporteur à la Cour martiale. — 13 mai.

Goupil (Dr), élu à la Commune. — 28 mars.
Membre de la Commission de l'enseignement. — 30 mars.
Délégué à l'administration des services de l'Instruction publique. — 2 avril.
Démissionnaire comme membre de la Commune. — 12 avril.

Gourdel, aide-major du 83e bataillon. — 8 mai.

Gournay (de), capitaine d'état-major. — 21 avril.

Gout (Jules-Henri), nommé notaire. — 30 avril.

Gouyon, chirurgien-major du 211e bataillon. — 11 mai.

Graff (Charles), aide-major du 240e bataillon. — 11 mai.

Graham (Henri), aide-major du 259e bataillon. — 19 mai.

Granville, aide-major du 242e bataillon. — 11 mai.

Gréjorok, chef d'escadron d'artillerie aux batteries des buttes Montmartre. — 16 mai.

Grélier, délégué au ministère de l'Intérieur. — 20 mars.
Membre du Comité central. — 7 avril
Membre de la Commission des subsistances à la Guerre. — 19 mai.

Grellety, sous-aide-major du 96e bataillon de la garde nationale. — 23 avril.

Grenier, chirurgien principal de la 4e légion. — 20 avril.

Grill (E), chef de la 2e légion. — 20 mai.

Grimoux (Isidore-Constant), juge de paix du XIe arrondissement. — 14 mai.

Grollard, membre du Comité central. — 20 mars.

Grousset (Paschal), élu à la Commune. — 28 mars.
Membre de la Commission des relations extérieures. — 30 mars.
Délégué aux relations extérieures. — 6 avril.
Membre de la Commission exécutive. — 27 avril.

Guelton, adjudant de place à la 8e légion. — 14 mai.

Guéneau, chirurgien-major du 132e bataillon. — 16 mai.

Guérin (P.), délégué à la mairie du IXe arrondissement. — 9 mai.

Guérin (Charles), aide-major du 202ᵉ bataillon. — 1ᵉʳ mai.

Guérin (Édouard), nommé huissier. — 29 avril.

Guigard, adjoint au directeur de la Bibliothèque nationale. — 6 mai.

Guihéry, chef d'escadron du train des équipages. — 27 avril.

Guillat, délégué du IIᵉ arrondissement à la Commission des barricades. — 13 avril.

Guillaume, délégué du XIᵉ arrondissement près le Comité central de l'Union des femmes pour la défense de Paris — 17 mai.

Guillaumin, aide-major du 88ᵉ bataillon. — 10 mai.

Guillemin, membre de la Commission communale du XXᵉ arrondissement. — 5 avril.

Guillemois, chef de la comptabilité au ministère des Finances. — 26 avril.

Guiller, membre du Comité central. — 23 mars.

Guillory, aide-major du 243ᵉ et du 181ᵉ bataillon. — 10 et 16 mai.

Guiral, membre du Comité central. — 22 mars.

H

Hagniéret, sous-aide-major du 195e bataillon de la garde nationale. — 25 avril.

Hamlet, chef du bureau des vérificateurs aux Finances. — 14 mai.

Hanne, aide major du 5e bataillon. — 9 mai.

Hanser, membre de la Commission d'état-major à la Guerre — 17 mai.
Membre du Comité central. — 20 mai.

Haquin (Louis-Jules Alfred), greffier de la justice de paix du XIIIe arrondissement. — 9 mai.

Harang, membre du jury d'accusation. — 7 mai.

Harasse, commandant le 91e bataillon. — 28 avril.

Hauët (Charles), chirurgien-major du 161e bataillon. — 9 mai.

Hautton (Émile-Ferdinand), nommé huissier. — 29 avril.

Hauvion, aide-major de la 1ᵉ batterie d'artillerie de la garde nationale. — 13 mai.

Havet, commandant du génie. — 13 avril.

Havy (Louis-Laurent), nommé huissier. — 29 avril.

Héléonar, membre du jury d'accusation — 7 mai.

Henriet, sous-aide-major du 193ᵉ bataillon. — 22 avril.

Aide-major au même bataillon. — 13 mai.

Henry, lieutenant à la 19ᵉ batterie d'artillerie. — 14 avril.

Henry, colonel, chef d'état-major de la place. — 3 avril.

Membre de la Cour martiale. — 17 avril.

Directeur de l'organisation et des mouvements de la guerre. — 5 mai.

Chef d'état-major au ministère de la Guerre. — 16 mai.

Henry (Fortuné), membre du Comité central. — 20 mars.

Élu à la Commune. — 28 mars.

Membre de la Commission des subsistances. — 30 mars.

Hercod (Daniel), aide-major du 115ᵉ bataillon. — 28 avril.

Héreau (Jules), membre du Comité de fédération des artistes pour les peintres. - 15 et 22 avril.

Adjoint à l'administrateur des musées du Louvre. — 17 mai.

Hériot, chirurgien-major du 167e bataillon. — 13 mai.

Hermitte (Paul), aide-major du 113e bataillon. — 9 mai.

Herzfeld, médecin en chef de l'Hôtel de Ville. — 6 avril.

Herzfeld (Émile), aide-major du 208e bataillon. — 9 mai.

Hétru (Louis-Charles-Adrien), nommé huissier. — 28 avril.

Himblot, chirurgien-major du 15e bataillon. — 8 mai.

Hoffman, médecin-major du 261e bataillon. — 11 mai.

Houillon (Eugène), contrôleur des finances. — 21 mai.

Houzelot, membre de la Commission d'armement à la Guerre. — 19 mai.
Membre du Comité central. — 20 mai.

Huguenot, substitut du procureur de la Commune. — 5 mai.

Huguet, commissaire adjoint de surveillance au chemin de fer de Lyon. — 23 avril.

Humbert (Alfred), chirurgien principal de la 11e légion. — 25 avril.

Humblot, chirurgien-major du 254e bataillon. — 26 avril.

Huot, membre de la Commission fédérale des artistes pour les graveurs lithographes. — 22 avril.

Hurpin, médecin-major du 222ᵉ bataillon — 19 mai.

Husson, membre de la Commission d'enquête et secours à la Guerre. — 19 mai.
Membre du Comité central. — 20 mai.

I

Imbert, ingénieur militaire de deuxième classe. — 10 mai.

Imbert, capitaine adjudant-major du 223ᵉ bataillon. — 28 avril.

Iziquierdo, chirurgien-major du 257ᵉ bataillon. — 19 mai.

J

Jaclard (V.), colonel, chef de la 17ᵉ légion. —
— 28 avril.
Démissionnaire. — 11 mai.

Jaclard (Mᵐᵉ), membre de la Commission d'instruction dans les écoles de filles. — 22 mai.

Jacob (Léon), secrétaire général de la Commission des écoles du IIIᵉ arrondissement. — 18 mai.

Jacquart, ingénieur militaire de deuxième classe. 10 mai.

Jacquemin (Joseph), greffier de la justice de paix du XVᵉ arrondissement. — 16 mai.

Jacquey (Claude-Joseph), chirurgien-major du 20ᵉ bataillon. — 28 avril.
Passe au 83ᵉ bataillon. — 8 mai.

Jacquin, membre de la Commission communale du XVIIᵉ arrondissement. — 28 avril

Jance, délégué du Comité de la 20ᵉ légion de la garde nationale. — 5 avril.

Janin, chirurgien-major du 228ᵉ bataillon. — 22 avril.

Janssoulé (Ferdinand), chef du corps franc dit *des Lascars* — 18 mai.

Jaoul, chirurgien-major du 5ᵉ bataillon. — 8 mai.

Jasienski, médecin-major du 134ᵉ bataillon. — 18 mai.

Jaslowski, aide-major du 1ᵉʳ bataillon des zouaves de la République. – 20 mai.

Jean, délégué du IXᵉ arrondissement à la Commission des barricades. — 13 avril.
Ingénieur militaire de deuxième classe. 10 mai.

Jeannier, commandant l'artillerie de Montmartre. — 16 mai.

Jensen, colonel d'état-major. — 24 avril.

Jix (Henri), lieutenant au 120ᵉ bataillon. — 21 avril.

Jobbé-Duval, chirurgien-major du 198ᵉ bataillon. — 8 mai.
Passe au 56ᵉ bataillon — 13 mai.

Jochum, directeur des ambulances du IIIᵉ arrondissement — 10 mai.

Jœger, aide-major du 241ᵉ bataillon.—12 mai.

Johannard, élu à la Commune. — 20 avril.
Membre de la Commission des relations extérieures. — 22 avril.
Commissaire civil délégué à l'armée de La Cécilia. — 17 mai.

Johnson (William), sous-aide-major du 94e bataillon de la garde nationale. — 25 avril.

Jolibois (Louis), serrurier, sous-lieutenant au 105e bataillon. — 24 avril.

Jolivet (Louis), aide-major du 221e bataillon. — 9 mai.

Jolly, membre de la municipalité provisoire du Ier arrondissement. — 3 avril.

Joseph. – Voir **Paul**.

Joseph, chirurgien-major du 42e bataillon. — 10 mai.

Josselin, membre du Comité central. — 21 mars.

Josset, membre du jury d'accusation. — 7 mai.

Josson, adjudant de place à la 8e légion — 14 mai.

Joulaud, sous-aide-major du 228e bataillon. — 22 avril.

Jourde (François), membre du Comité central. — 20 mars.
Délégué au ministère des Finances. — 24 mars.
Élu à la Commune. — 28 mars.
Membre de la Commission des finances. — 30 mars.
Seul délégué aux Finances. — 21 avril.
Membre de la Commission exécutive. — 27 avril.

Jourdier, membre du jury d'accusation. — 7 mai.

Jousse (Alexandre), membre du Comité de fédération des artistes. — 15 avril.

Joyeux, chirurgien-major du 129e bataillon. — 29 avril.

Julien, membre de la Commission d'enquête pour les pensions aux victimes de la guerre. — 28 avril.

Jumelin, aide-major du 55e bataillon. — 10 mai.

Junot (Hippolyte), commandant de la canonnière *la Claymore.* — 20 avril.

K

Kahn (R.), l'un des organisateurs du bataillon des francs-tireurs de la Révolution. — 16 mai.

Kérédan, médecin-major du 206e bataillon. — 11 mai.

Klein, aide-major du 203e bataillon. — 12 mai.

Koch, chirurgien-major du 73e bataillon. — 13 mai.

Kuhn, ingénieur militaire de 2e classe. — 10 mai.

L

Labru, aide-major du 133e bataillon.—13 mai.

Lacatte, membre de la Commission municipale du XIIe arrondissement. — 4 mai.

La Cecilia, colonel, chef d'état-major du général Eudes. — 16 avril.
Général commandant la place de Paris. — 24 avril.
Général commandant le centre de la défense. — 6 mai.

Lacord, membre et délégué du Comité central. — 15 avril.
Membre de la Commission de l'infanterie à la Guerre. — 19 mai.

Lacorre (B.), membre de la Commission de l'ordonnancement à la Guerre. — 10 mai.
Membre du Comité central. — 20 mai.

Lacoste, aide-major du 42e bataillon. — 10 mai.

Lacour, major de la place à l'état-major de la 8e légion. — 14 mai.

Laféron, médecin-major du 64e bataillon. — 29 avril.

Lagarde, membre de la Commission d'enquêtes et secours à la Guerre. — 19 mai.
Membre du Comité central. — 20 mai.

Lagarde, membre du jury d'accusation. — 7 mai.

Lagnant, membre du jury d'accusation. — 7 mai.

Lagrange, membre de la Commission fédérale des artistes pour les sculpteurs. — 22 avril.

Lagrange, commandant des électriciens de la Commune. — 17 mai.

Lajoux (Guy-Théobald), chirurgien-major du 232e bataillon de la garde nationale. — 25 avril.

Lalande, chef du 153e bataillon. — 18 avril.

Laloge, membre de la Commission communale du XXe arrondissement. — 5 avril.

Lambrieu, médecin-major du 162e bataillon. — 30 avril.

Lamy, chirurgien-major du 13e bataillon. — 8 mai.

Lançon, membre de la Commission fédérale des artistes pour les peintres. — 22 avril.

Landeau (Ulysse), administrateur des ambulances internationales. — 5 mai.

Landon (Gustave), contrôleur des finances. — 21 mai.

Landowski, commissaire de police de la Navigation et des Postes. — 6 mai.

Langevin, élu à la Commune. — 28 mars. Membre de la Commission de justice. — 22 avril.

Langlois, médecin-major du 127ᵉ bataillon.— 8 mai.

Langlois, membre de la Commission de l'octroi. — 2 avril.

Lansac, sous-aide-major au 151ᵉ bataillon. — 20 avril.

Lantara, lieutenant aux turcos de la Commune. — 2 mai.

Laporte, colonel de l'artillerie. — 24 avril.

Laporte, chef des 38ᵉ et 72ᵉ bataillons. — 6 avril.

Lapuszewki (Clément), médecin-major du 20ᵉ bataillon.— 28 avril.

Laroque, membre de la Commission d'artillerie à la guerre. — 19 mai.

Larue, commandant d'artillerie à la guerre. — 3 mai.

Latappy, délégué au Ministère de la marine.— 17 avril.

Latour. — Voir Debrousse.

Latour, aide-major du 97e bataillon. — 10 mai.

Laudet (Georges-Gustave), capitaine au 105e bataillon. — 24 avril.

Laugier (Louis-Charles-Paul), aide-major du 100e bataillon. — 28 avril.
Chirurgien-major du 116e bataillon. — 30 avril.
Démissionnaire. — 13 mai.

Laurent (Henri), contrôleur des finances. — 21 mai.

Laurent (Nicolas), chirurgien-major du 73e bataillon. — 12 mai.

Laurent (François), aide-major du 179e bataillon. — 11 mai.
Chirurgien-major du 159e bataillon. — 19 mai.

Lavabre (Félix), chirurgien-major du 158e bataillon. — 29 avril.

Lavabre (Ferdinand), médecin-major du 61e bataillon. — 29 avril.

Lavalette, membre du Comité central. — 20 mars.
Membre de la Commission de l'habillement et du campement à la guerre. — 19 mai.

Laville (Pierre), sous-aide-major au 125e bataillon. — 26 avril.

Lavol (Théophile), lieutenant du 127e bataillon. — 14 avril.

4

Lazare (Lévy), membre de la sous-commission des travaux publics à Paris. — 2 avril.

Membre de la Commission du travail et de l'échange. — 5 avril.

Lebailly (Alfred), sous-lieutenant au 65ᵉ bataillon. — 21 avril.

Lebeau, délégué au *Journal officiel*.—24 mars.

Lebeuf (Adolphe), contrôleur des finances. — 21 mai.

Leblond, chirurgien-major du 107ᵉ bataillon. — 12 mai.

Lebreton, médecin-major du 92ᵉ bataillon de la garde nationale. — 25 avril.

Le Bunetel, chirurgien-major du 127ᵉ bataillon. — 8 mai.

Lecamp, membre de la Commission communale du XVIIᵉ arrondissement. — 28 mai.

Lecaudey, commandant des zouaves de la République. — 21 mai.

Lechapelain (François), aide-major du 70ᵉ bataillon. — 9 mai.

Lechardeur (Jules), curateur des successions vacantes dans le département de la Seine. — 2 mai.

Lechasseux (Auguste), juge de paix du IIIᵉ arrondissement. — 3 mai.

Ledrier, membre de la Commission communale du XVIᵉ arrondissement. — 6 avril.

Ledroit, élu à la Commune. — 28 mars.
Membre de la Commission de justice. — 30 mars.
Membre de la Commission militaire. — 16 mai.

Ledrux, colonel commandant le fort de Vanves.
— 16 avril.
Juge à la Cour martiale. — 13 mai.

Leduc, commandant du génie. — 13 avril.

Lefebvre (Émile), membre du jury d'accusation. — 7 mai.

Lefebvre-Roncier, commandant, juge suppléant à la Cour martiale. — 13 mai.

Lefèvre (Josse-Alfred), greffier de la justice de
paix du IXᵉ arrondissement — 3 mai.

Lefèvre, élu à la Commune. — 28 mars.
Membre de la Commission de l'enseignement. —
30 mars.
Démissionnaire comme membre de la Commune.
— 7 avril

Lefranc, membre de la Commission de l'octroi — 2 avril.

Lefrançais, élu à la Commune. — 28 mars.
Membre de la Commission exécutive. — 30 mars.
Membre de la Commission du travail. — 4 avril.
Membre de la Commission des finances. — 22 avril.

Lefrançois, capitaine au 177ᵉ bataillon. — 21
avril.

Légerot (Gustave), chirurgien-major du 136ᵉ
bataillon — 9 mai.

Legorju, membre de la Commission municipale du XIIe arrondissement. — 4 mai.

Lehr, membre du jury d'accusation. — 7 mai.

Lejeune, aide-major du 138e bataillon. — 20 mai.

Leloup (Félix), juge d'instruction près les tribunaux criminels de la Commune. - 8 avril.
Juge au tribunal civil de la Commune. — 13 mai.

Leloutre, membre du jury d'accusation. — 7 mai.

Lemaguet, médecin-major du 94e bataillon - 30 avril.

Lemaître, aide-major du 130e bataillon — 12 mai.

Leménager, médecin-major du 140e bataillon. — 9 mai.

Lemonnier (Jules), aide-major du 140e bataillon. - 20 mai.

Lemray, aide-major du 120e bataillon. — 28 avril.

Lenaud (Edmond), chef de la 1re division à la préfecture de police — 28 avril.

Lendrieux, membre du jury d'accusation. — 7 mai.

Lenfant, colonel. — 16 mai.

Lenoir (Jules), aide-major du 205e bataillon — 10 mai.

Lensir, capitaine au 81ᵉ bataillon. — 14 avril.

Léo (Mᵐᵉ André), membre de la Commission d'instruction dans les écoles de filles. — 22 mai.

Le Pautonnier, médecin-major du 101ᵉ bataillon. — 8 mai.

Leroudier, président de la Commission d'éducation du Xᵉ arrondissement. — 22 avril.

Leroux, chef du 84ᵉ bataillon de la garde nationale. — 6 avril.

Leroy (Albert), élu à la Commune. — 28 mars.
Membre de la Commission d'enseignement. — 30 mars.
Démissionnaire. — 2 avril.

Lesbynier, chirurgien-major du 15ᵉ bataillon. — 8 mai.
Passe au 187ᵉ bataillon. — 10 mai.

Lesénéchal, membre du jury d'accusation. — 7 mai.

Lesselme (Adolphe), greffier de la justice de paix du IIIᵉ arrondissement. — 3 mai.

Leteinturier, chirurgien-major du 79ᵉ bataillon. — 19 avril.

Leteurtre, chirurgien principal de la 10ᵉ légion. — 22 avril.

Leteurtrois (Jules), aide-major du 63ᵉ bataillon. — 10 mai.

Letourneau, chirurgien-major du 71e bataillon. — 28 avril.

Chirurgien principal à l'École militaire. — 20 mai.

Letoux, capitaine aux turcos de la Commune. — 2 mai.

Lévêque, membre de la Commission du génie à la Guerre.

Membre du Comité central. — 10 mai.

Lévêque, aide-major du 248e bataillon. — 8 mai.

Lévesque, membre du jury d'accusation. — 7 mai.

Levraud (Edmond), membre de la Commission musicale. — 10 mai.

Levraud (Léonce), médecin du personnel de la sûreté générale. — 2 mai.

Membre de la Commission médicale. — 10 mai.

Levraud, commandant du 204e bataillon. — 8 avril.

Juge à la Cour martiale. — 13 mai.

Lévy (Alfred), contrôleur des finances. — 21 mai.

Lévy, capitaine d'état-major. — 19 mai.

Lévy. — Voir Lazare.

Lexcellent, chirurgien-major du 81e bataillon. — 19 mai.

Limoges, aide-major du 270ᵉ bataillon. — 13 mai.

Limousin (Charles), collaborateur du *Journal officiel.* — Numéro du 20 avril.

Lindeneher (Édouard) membre de la Commission fédérale des artistes pour les sculpteurs. — 22 avril.

Linian, membre du jury d'accusation. — 7 mai.

Lisbonne (Maxime), membre du Comité central. — 21 mars.

Lohay, lieutenant-colonel de la 10ᵉ légion — 18 mai.

Loiseau-Pinson, élu à la Commune. — 28 mars
Membre de la Commission du travail. — 30 mars
Démissionnaire — 2 avril

Lonclas, élu à la Commune. — 20 avril.
Membre de la Commission militaire. — 16 mai.

Longuet (Ch.), délégué comme rédacteur au *Journal officiel* — 28 mars
Élu à la Commune. — 20 avril
Membre de la Commission du travail et de l'échange — 22 avril
Membre de la Commission de révision des jugements de la Cour martiale — 35 avril

Lorendeau (Marcel), chirurgien-major du 101ᵉ bataillon. — 1ᵉʳ mai.

Loret, membre de la Commission du travail et de l'échange. — 5 avril.

Lorian, membre du jury d'accusation · 7 mai.

Loth (Louis-Alexandre), lieutenant du 163ᵉ bataillon.
Était « garçon limonadier » — 11 avril.

Loubery (César-René), greffier de la justice de paix du IIᵉ arrondissement — 3 mai
Est remplacé. — 14 mai.

Lullier (Charles), membre du Comité central. — 10 mars.

Lyaz (Ambroise), membre de la Commission municipale du XIIᵉ arrondissement. — 9 avril.

M

Machabey, aide-major du 207ᵉ bataillon. — 19 mai.

Machal, membre du Jury d'accusation. — 7 mai.

Macret, chirurgien-major du 97ᵉ bataillon. — 10 mai.

Magand, membre du jury d'accusation. — 7 mai.

Mage, major commandant la place Vendôme. — 13 mai.

Magot, membre de la Commission municipale du XII⁰ arrondissement. — 9 avril.

Maguin, membre de la Commission municipale du XII⁰ arrondissement. — 4 mai.

Maljournal (Louis), membre du Comité central. — 21 mars.
Lieutenant au 204⁰ bataillon. — 21 avril.

Mallet, membre du jury d'accusation. — 7 mai.

Malon, élu à la Commune — 28 mars.
Membre de la Commission du travail. — 30 mars.
Fait fonctions d'officier municipal du XVII⁰ arrondissement. — 13 avril.

Malroit, commandant. — 19 mai.

Malroux, lieutenant-colonel, directeur de la cavalerie à la Guerre. — 16 mai.

Malterre, médecin du XI⁰ arrondissement. — 11 mai.

Manchon, chirurgien-major des francs-tireurs de la République. — 14 mai.

Manet (Édouard), membre de la Commission fédérale des artistes pour les peintres. — 22 avril.

Mangeon, chirurgien-major du 146ᵉ bataillon. — mai.

Mangin, ingénieur, commissaire principal de surveillance des chemins de fer. — 29 avril.

Manier (Émile), contrôleur des finances. — 21 mai.

Manier, chirurgien-major du 135ᵉ bataillon. — 19 avril.

Manier (J.), membre de la Commission d'organisation de l'enseignement. — 29 avril.

Maratuch, aide-major du 72ᵉ bataillon. — 14 mai.

Marceau, membre de la Commission du génie à la Guerre. — 19 mai.
Membre du Comité central — 20 mai.

Marcellin, commandant du 58ᵉ bataillon. — 18 avril.

Marchand, chirurgien principal de la 13ᵉ légion. — 28 avril.

Marchon (Rodolphe), chirurgien-major du 1ᵉʳ bataillon. — 13 mai.

Maréchal (E.), collaborateur du *Journal officiel*. — Numéros des 17 et 30 avril et 9 mai.

Maréchal, membre du Comité central, membre de la Commission d'artillerie à la Guerre. — 19 mai.

Maretheux (Louis-Anne), nommé huissier. — 28 avril.

Marlé (Armand), nommé huissier. — 29 avril.

Marmottan (D^r), élu à la Commune.— 28 mars.
Démissionnaire. — 2 avril.

Marotte, chirurgien-major du 65e bataillon.—
9 mai.

Marquette, délégué au bureau de dépôts des
brevets d'invention. — 6 mai.

Marseille, capitaine aux turcos de la Commune. - 2 mai.

Martainville, substitut du procureur de la
Commune — 5 mai.
Considéré comme démissionnaire. — 16 mai.

Martelet, élu à la Commune. — 28 mars.
Membre de la Commission des services publics.
— 30 mars.

Martellière, chirurgien-major du 11e bataillon. — 8 mai.

Martin (André), aide-major des 181e et 10e bataillons. — 12 et 16 mai.

Martin, médecin inspecteur au fort de Vin-
cennes. — 16 mai.

Martin, commandant au fort d'Issy. — 2 mai.

Martin, chirurgien-major du 166e bataillon de
la garde nationale. — 25 avril.
Passe au 192e bataillon. — 9 mai.

Martin (Stephen), membre du Comité de fédération des artistes. — 15 avril.

Martin, membre du Comité central. — 23 mars.

Martin, membre du jury d'accusation. — 7 mai.

Martin-Didier, chirurgien-major du 166ᵉ bataillon. — 29 avril.

Martine, membre de la Commission communale du XVIIᵉ arrondissement. — 28 avril.

Marty, membre de la Commission communale du XXᵉ arrondissement. — 5 avril.

Massard, directeur à la Direction des domaines

Masseron, chirurgien-major du 1ᵉʳ et du 196ᵉ bataillon. — 8 et 20 mai.

Masson, chef d'état-major de la 17ᵉ légion. — 28 avril.

Massul, chirurgien-major du 46ᵉ bataillon. — 8 mai.

Mathieu, chef de bataillon de la garde nationale. — 23 avril.
Colonel commandant le château de la Muette — 16 mai.

Maür, médecin-major du 67ᵉ bataillon. — 9 mai.

Mauvoisin (Albert), chirurgien-major du 60ᵉ bataillon. — 8 mai.

May (G), intendant général de la garde nationale. — 15 avril.
Révoqué. — 3 mai.

May (Élie), intendant divisionnaire de la garde nationale. — 30 avril.

Révoqué. — 3 mai.

Mayer, major commandant la place Vendôme. — 1er mai.

Mayer, colonel chargé de l'organisation des légions. — 28 avril.

Sous-directeur de l'organisation de la Guerre. — 5 mai.

Megy (Edmond), commandant du fort d'Issy. — 18 avril.

Mélin (Ernest), membre de la Commission d'enquête pour les pensions aux victimes de la guerre. — 28 avril.

Directeur des abattoirs de la Villette. — 16 mai.

Méline, élu à la Commune. — 28 mars.

Démissionnaire. — 2 avril.

Melliet (Léo), élu à la Commune. — 28 mars.

Membre de la Commission de justice. — 30 mars.

Membre de la Commission des relations extérieures. — 22 avril.

Membre de la Commission de révision des jugements de la Cour martiale. — 25 avril.

Membre du Comité de Salut public. — 2 mai.

Gouverneur du fort de Bicêtre. — 9 mai.

Commissaire civil délégué à l'armée de Wroblewski. — 17 mai.

Melotte, colonel de la légion belge au service de la Commune. — 14 mai.

Ménard, sous-lieutenant aux turcos de la Commune. — 2 mai.

Mercier, commandant le 33ᵉ bataillon. — 28 avril.

Meret, capitaine-adjudant-major au 173ᵉ bataillon. — 21 avril.

Merlieux, secrétaire général de la délégation des Finances. — 2 avril.

Meyer. — Voir **Feld**.

Meyer, membre de la Commission fédérale pour les artistes industriels. — 22 avril.

Mézard (Adolphe), aide-major du 153ᵉ bataillon. — 16 mai.

Michard, aide-major du 206ᵉ bataillon. — 11 mai.

Michau (Vilas), juge au tribunal civil de la Commune. — 16 mai.

Michel (L.), membre de la Commission communale du XVIIᵉ arrondissement. — 28 avril.

Michel, membre du jury d'accusation. — 7 mai.

Michevont, commandant, juge suppléant à la Cour martiale. — 13 mai.

Mig, collaborateur du *Journal officiel*. — Numéro du 12 mai.

Mig. — Voir **Thierry**.

Miguet, chirurgien-major du 174ᵉ bataillon. — 11 mai.

Miguet fils, aide-major du 174ᵉ bataillon. — 11 mai.

Millet (François), membre de la Commission fédérale des artistes pour les peintres.—22 avril.

Millet, membre de la Commission du train des équipages à la Guerre — 19 mai.
Membre du Comité central. — 20 mai.

Millet, membre du jury d'accusation. — 7 mai.

Millière, membre et délégué de l'Alliance républicaine des départements (1ᵉʳ mai).
Chef de la 18ᵉ légion. — 17 mai.

Minet, membre de la sous-commission des travaux publics à Paris. — 2 avril.
Membre de la Commission du travail et de l'échange. — 5 avril.

Minimus, pseudonyme d'un collaborateur au *Journal officiel* de la Commune. — Nº du 11 avril.

Miot (Aristide), médecin-major du 248ᵉ bataillon. — 8 mai.

Miot (J.) élu à la Commune. — 28 mars.
Membre de la Commission d'enseignement. — 22 avril.

Missol, membre de la Commission communale du XVIᵉ arrondissement. — 6 avril.

Moilin. — Voir **Tony**.

Moiré (Frédéric-Joseph), juge d'instruction près les tribunaux criminels de la Commune. — 8 mai.

Molas, aide-major du 134e bataillon. — 10 mai.

Molinier, chirurgien-major de la 13e batterie d'artillerie. — 10 mai.

Monceaux, chirurgien-major du 85e bataillon. — 8 mai.

Mondaud (Jules), sous-aide-major au 254e bataillon. — 26 avril.

Monge (Arthur), aide-major du 94e bataillon. — 19 mai.

Mongin (Jean), lieutenant au 162e bataillon. — 21 avril.

Monipellier, commandant le 207e bataillon. — 28 avril.

Monplot, commandant du bataillon de la fédération artistique. — 7 mai.

Moreau, chef du 138e bataillon de la garde nationale. — 23 avril.

Moreau (Henri), sous-lieutenant d'artillerie. — 18 mai.

Moreau (Armand), juge d'instruction attaché au parquet du procureur de la Commune. — 18 mai.

Moreau (Édouard), membre du Comité central. — 20 mars.
Commissaire civil de la Commune auprès du délégué à la Guerre. — 9 mai.
Chargé de la direction de l'Intendance. — 17 mai.

Moreau (A.), délégué au X⁰ arrondissement.—
9 avril.

Moreau-Vauthier, membre de la Commission des artistes pour les sculpteurs. — 22 avril.

Morel, aide-major aux turcos de la Commune.
— 14 mai.

Morel, chef des barricades du IV⁰ arrondissement. — 13 avril.

Moret, médecin-major du 254⁰ bataillon. —
8 mai.

Morin (Marie-Frédéric), aide-major du 53⁰ bataillon. — 10 mai.

Morin (Jules), délégué à la Direction des lignes télégraphiques. — 17 mai.

Mortier, membre du Comité central.— 20 mars.
Élu à la Commune. — 28 mars.
Membre de la Commission des services publics.
— 30 mars.

Motte, aide-major du 110⁰ bataillon. — 12 mai.

Mouchotte, aide-major du 176⁰ bataillon. —
16 mai.

Moulin, chirurgien-aide-major du 193⁰ bataillon. — 22 avril.

Moulin (Hippolyte), membre de la Commission fédérale des artistes pour les sculpteurs.— 22 avril.

Moulinet, membre du Comité de fédération des artistes. — 15 avril.

Moullé (Ernest), membre de la Commission du travail et de l'échange. — 5 avril.

Commissaire administratif près le Muséum d'histoire naturelle. — 4 mai.

Moulliard, membre du Comité de fédération des artistes. — 15 avril.

Moutat, lieutenant de place au fort d'Issy. — 22 mai.

Mouton, délégué adjoint à l'ex-préfecture de police. — 21 mars.

Mulen, colonel de la 17ᵉ légion. — 12 mai.

Murat, directeur du bureau du change des matières à la Monnaie. — 9 mai.

Murat, adjoint provisoire au maire du Vᵉ arrondissement. — 27 mars.
Élu à la Commune. — 28 mars.

Musset (Abel), aide-major du 41ᵉ bataillon. — 20 mai.

Muzinski, aide-major du 66ᵉ bataillon. — 10 mai.

N

Nachbaus, ingénieur militaire de 2ᵉ classe. — 10 mai.

Nadal (Jean-Pierre-Alfred), lieutenant magasinier général des aérostiers civils et militaires. — 21 avril.

Napias-Piquet, membre de la municipalité provisoire du Iᵉʳ arrondissement. — 3 avril.
Organisateur du XVIᵉ arrondissement. — 6 avril.

Napied, capitaine aux turcos de la Commune. — 2 mai.

Napieralski, médecin-major du 234ᵉ bataillon. — 9 mai.

Nast, élu à la Commune. — 28 mars.
Démissionnaire. — 2 avril.

Navarre, membre de la Commission d'enquêtes et secours à la Guerre. — 19 mai.
Membre du Comité central. — 20 mai.

Naze, commandant les turcos de la Commune. — 2 mai.

Nectone, membre du jury d'accusation. — 7 mai.

Nel (Charles), collaborateur du *Journal officiel.* — N° du 12 mai.

Nérat, chirurgien-major du 38e bataillon. — 19 mai.

Nerret, chirurgien-major du 162e bataillon. — 30 avril.

Neveur (Auguste), chirurgien-major du 104e bataillon. — 10 mai.

Nicaud (Claude), sous-lieutenant au 105e bataillon. — 22 avril.

Nicolle, membre de la Commission fédérale des artistes pour les architectes. — 22 avril.

Nicot, chirurgien sous-aide-major du 140e bataillon. — 20 avril.
Aide-major au même bataillon. — 9 mai.

Nikiphorakis (Michel), aide-major du 105e bataillon. — 11 mai.

Noblet, médecin-major du 223e bataillon. — 19 mai.

Noé, capitaine au 248e bataillon. — 6 avril.

Noro, chef du 22e bataillon. — 12 mai.

Not (Henri), chef d'ambulance. — 18 avril.

O

Okolowicz, colonel sous-chef d'état-major du général Dombrowski. — 20 avril.

Olivier (J.), directeur de l'enregistrement et du timbre. — 3 avril.

Oppenheim, capitaine aux turcos de la Commune. — 2 mai.

Ostyn, élu à la Commune. — 28 mars.
Membre de la Commission des subsistances et de la Commission des services publics. — 30 mars et 22 avril.

Ottin, membre de la Commission fédérale des artistes pour les sculpteurs.— 22 avril.

Ottin (fils), membre de la Commission fédérale pour les artistes industriels. — 22 avril.

Oudet, élu à la Commune. — 28 mars.
Membre de la Commission de sûreté générale. — 30 mars.

Oudinot (Achille), membre de la Commission fédérale des artistes pour les architectes.— 22 avril.
Administrateur provisoire des musées du Louvre. — 17 mai.

Oulevay, membre de la Commission fédérale des artistes pour les peintres. — 22 avril.

Outil, membre du jury d'accusation. — 7 mai.

Ozouf, chirurgien-major du 173e bataillon. — 11 mai.

P

Pacra, président de la Fédération artistique des musiciens et artistes dramatiques. — 18 avril.

Pagès (J.-P.), de l'Ariége, collaborateur du *Journal officiel*. — Nº du 24 mars.

Paget (Lupicin-Léopold), membre de la Commission du travail et de l'échange. — 5 avril.
Directeur de l'Hôtel Dieu. — 29 avril.

Pappas, sous-aide-major du 116e bataillon. — 22 avril.
Aide-major au même bataillon. — 13 mai.

Parat (Michel), aide-major du 182e bataillon.— 30 avril.

Parent (Ulysse), élu à la Commune. — 28 mars.
Membre de la Commission des relations extérieures. — 30 mars.
Démissionnaire comme membre de la Commune. — 6 avril.

Parisel (D^r), élu à la Commune. — 28 mars.
Délégué au ministère du Commerce. — 3 avril.
Membre de la Commission des subsistances. —
22 avril.
Chef de la Délégation scientifique. — 3 mai.

Parrot, membre du jury d'accusation. — 7 mai.

Pascal (Antoine), capitaine adjudant-major de
la garde nationale. — 14 avril.

Patris, membre de la Commission de l'habillement et du campement à la guerre. — 19 mai.
Membre du Comité central. — 20 mai.

Paul-Joseph, délégué pour un appel aux marins. — 7 avril.

Pauvert, officier de l'intendance, délégué à la
direction générale des télégraphes. — 25 mars.

Paynel (Alexandre), aide-major du 217e et du
185e bataillon. — 10 et 16 mai.

Pélicot, commandant le 1er bataillon des éclaireurs, en formation, du général Eudes. — 19 mai

Pellassy, chirurgien-major du 27e bataillon. —
19 mai.

Pelletan (Jules), chirurgien principal de la 20^e
légion. — 30 avril.

Pelletier, membre de la Commission d'enquête pour les pensions aux victimes de la guerre.
— 28 avril.

Perrotti, membre du jury d'accusation. — 7 mai.

Pérève, chirurgien-major du 95ᵉ bataillon. — 9 mai.

Périer (Mᵐᵉ), membre de la Commission d'instruction dans les écoles de filles — 22 mai.

Périer, aide-major du 196ᵉ bataillon.— 9 mai.

Peronaux, aide-major du 123ᵉ bataillon. — 10 mai.

Perrin, médecin-major du 192ᵉ bataillon. — 9 mai.

Perrin. — Voir Feyen.

Perrotte, membre de la Commission d'enquête pour les pensions aux victimes de la guerre. — 28 avril.

Petit (Auguste), lieutenant-colonel, sous-chef d'état-major de la 8ᵉ légion. — 18 mai.

Petit, membre du jury d'accusation. — 7 mai.

Peyrouton (Bernard), ingénieur chargé de l'inspection de l'éclairage.— 8 avril.

Philippart, médecin-major du 8ᵉ bataillon de la garde nationale. — 25 avril.

Philippe, membre de la Commission municipale du XIIᵉ arrondissement. — 9 avril.
Élu à la Commune. — 20 avril.

Pia (Paul), chargé de la surveillance et du contrôle des chemins de fer.

Piat, membre de la Commission de l'ordonnancement à la Guerre. — 19 mai.
Membre du Comité central. — 20 mai.

Picard (E.), membre du bureau militaire du XIe arrondissement. — 11 mai.

Picard (Simon), membre du jury d'accusation. — 7 mai.

Pichon, membre du jury d'accusation.—7 mai.

Picchio, membre de la Commission fédérale des artistes pour les peintres. — 22 avril.

Pichot, capitaine d'état-major attaché au service de l'octroi. — 5 mai.

Picot, membre de la Commission communale du XVIIe arrondissement. — 28 avril.

Piéplu (Dioscoride), médecin-major du 179e bataillon — 11 mai.

Pierrat, chirurgien-aide-major du 135e bataillon. — 19 avril.
Passe au 233e bataillon. — 19 mai.

Pigault, membre de la Commission communale du XVIe arrondissement. — 6 avril.

Pillot (Dr), membre de la municipalité provisoire du Ier arrondissement. — 3 avril.
Élu à la Commune. — 20 avril.

Pillot (Marcel-Édouard), aide-major du 164e bataillon. — 8 mai.

Pilotell, commissaire attaché à la sûreté générale. Révoqué. — 24 avril.

Pindy, colonel, élu à la Commune.— 28 mars.
Membre de la Commission militaire. — 30 mars.

Pinel (A.), chirurgien-major du 69ᵉ bataillon.— 8 mai.

Pinet, médecin-major du 42ᵉ bataillon. — 13 mai.

Pinon (Martin), juge de paix du XVᵉ arrondissement. — 16 mai.

Piorry, médecin-major du 24ᵉ bataillon. — 12 mai.

Piquet.— Voir **Napias.**

Plattet (Georges), nommé commissaire-priseur. — 28 avril.

Poirier (Louis-Gustave), juge rapporteur suppléant près la Cour martiale. — 18 mai.

Poirson, directeur de l'école communale du faubourg Saint-Martin, 157. — 22 avril.

Poisson, greffier de la justice de paix du XVIIIᵉ arrondissement. — 3 mai.

Poitevin, membre de la Commission fédérale des artistes pour les sculpteurs. — 22 avril.

Polio, collaborateur au *Journal officiel*. — Numéro du 12 avril.

Portalier, délégué à la mairie du IXᵉ arrondissement. — 9 mai.

Pothey, membre de la Commission fédérale

des artistes pour les graveurs lithographes. — 22 avril.

Pothier, élu à la Commune. — 20 avril.
Membre de la Commission des services publics. — 22 avril.

Pothier, capitaine au 163ᵉ bataillon; était « ornemaniste ». — 28 avril.

Potigny, commandant des francs-tireurs de marche du VIᵉ arrondissement. — 2 mai.

Pottier (Eugène), membre de la Commission fédérale pour les artistes industriels. — 15 et 22 avril.

Pouey, aide-major du 232ᵉ bataillon. — 12 mai.
Chirurgien-major du 1ᵉʳ bataillon des Vengeurs du XIᵉ arrondissement. — 14 mai.

Pourchot (Albert), aide-major du 184ᵉ bataillon. — 13 mai.

Pourjet, membre du jury d'accusation — 7 mai.

Prat, médecin-major du 227ᵉ bataillon. — 8 mai.

Premier, aide-major du 167ᵉ bataillon. — 11 mai.

Prohon, chirurgien-major du 217ᵉ bataillon. — 10 mai.

Prost, médecin-major du 120ᵉ bataillon. — 28 avril.

Protot (Eugène), élu à la Commune. — 28 mars.

Membre de la Commission de justice. — 30 mars.

Chargé d'expédier les affaires civiles et criminelles. — 1er avril.

Délégué à la Justice. — 17 avril.

Membre de la Commission exécutive. — 27 avril.

Prudhomme, membre du Comité central. — 21 mars.

Membre de la Commission du contrôle général à la Guerre. — 19 mai.

Puchot, lieutenant au 145e bataillon. — 16 et 20 avril.

Puelle, médecin-major du 241e bataillon. — 9 mai.

Puff (Louis), membre du jury d'accusation. — 7 mai.

Puget, élu à la Commune. — 28 mars.

Membre de la Commission du travail. — 30 mars.

Pugno (Raoul), membre de la Commission musicale. — 10 mai.

Pujol, médecin-major du 105e bataillon. — 8 mai.

Pujos, aide-major du 243e bataillon. — 9 mai.

Pyat (Félix), élu à la Commune. — 28 mars.

Membre de la Commission exécutive. — 30 mars.

Membre de la Commission des finances. — 22 avril.

Membre du Comité de salut public. — 2 mai.

Q

Quedillac (Marius), aide-major du 71ᵉ bataillon. — 8 mai.

Quiniou, commandant le 133ᵉ bataillon. — 5 mai.

R

Rabejac (Pamphile), chirurgien-major du 115ᵉ bataillon. – 28 avril.

Rabeuf (Gustave), aide-major du 161ᵉ bataillon. — 9 mai.

Rabillon (Raphaël), aide-major du 74ᵉ bataillon. — 9 mai.

Rabit (Jean-Armand), nommé notaire. — 30 avril.

Rabuteau, chirurgien principal de la 14e légion. — 28 avril.

Rainal (Léon), aide-major du 177e bataillon. — 1er mai.

Rama, délégué à l'instruction communale du XVIIe arrondissement. — 13 avril.
Membre de la Commission communale de l'arrondissement. — 28 avril.
Membre de la Commission d'organisation de l'enseignement. — 29 avril.

Ranc, élu à la Commune. — 28 mars.
Membre de la Commission de justice et de la Commission des relations extérieures. — 30 mars.
Démissionnaire comme membre de la Commune. — 7 avril.

Ranvier, commandant, membre du Comité central. — 21 mars.
Maire du XXe arrondissement de Paris. — 26 mars.
Élu à la Commune. — 28 mars.
Membre de la Commission militaire. — 30 mars.
Membre de la Commission de la guerre. — 22 avril.
Membre du Comité de salut public. — 2 mai.

Rastoul (Dr), élu à la Commune. — 28 mars.
Membre de la Commission des services publics. — 30 mars.
Inspecteur général du service des ambulances. — 10 avril.
Démissionnaire de ce dernier emploi. — 27 avril.

Rattier, commandant. — 19 mai.

Raulin, membre de la Commission fédérale des artistes pour les architectes. — 22 avril.

Rault (Adrien), médecin-major du 174e bataillon. — 10 mai.

Raveaud (E.), l'un des organisateurs du bataillon des francs-tireurs de la Révolution. — 16 mai.

Raymond, directeur de l'Orphelinat de la garde nationale. — 20 avril.

Razoua, colonel commandant l'École militaire, membre de la Cour martiale. — 17 avril.
Juge à la Cour martiale. — 13 mai.

Rebiffé (Émile), chirurgien-major du 241e bataillon. — 30 avril.

Reby (Joseph), nommé huissier à Paris. — 28 avril.

Reclus (Élie), directeur de la Bibliothèque nationale. — 30 avril.

Reclus (Madame), membre de la Commission d'instruction pour les écoles de filles. — 22 mai.

Redon, commandant de place au fort d'Issy. — 22 mai.

Régère (Henri), capitaine-adjudant-major du 248e bataillon. — 6 avril
Chef du 248e bataillon. — 14 avril.

Régère (Th.), maire provisoire du Ve arrondissement. — 27 mars.

Élu à la Commune. — 28 mars.

Membre de la Commission des finances. — 30 mai.

Démissionnaire comme membre de la Commission des finances. — 6 avril.

Regnard (A.), collaborateur du *Journal officiel.* — Numéro du 7 avril.

Membre de la Commission musicale. — 10 mai.

Secrétaire général de la Préfecture de police. — 21 mai.

Regnard (D^r), membre de la Commission médicale. — 10 mai.

Regnault (Eugène), chirurgien-major du 59e bataillon. — 8 mai.

Regnier (Georges), aide-major du 146e bataillon. — 19 mai.

Reiber, membre de la Commission fédérale pour les artistes industriels. — 22 avril.

Rémond, sous-aide-major au 135e bataillon. — 19 avril.

Remond de Armas y Cespedes, chirurgien-major du 195e bataillon. — 1er mai.

Renaud, médecin-major du 184e bataillon. — 13 mai.

Renaud, chef d'escadron de cavalerie à l'état-major. — 24 avril.

Renaut, commandant la canonnière *la Voltigeuse.* — 23 avril.

Renous-Céré (Jacques), médecin-major du 84ᵉ bataillon. — 28 avril.

Reynard, membre du jury d'accusation. — 7 mai.

Revillon (Ferdinand), directeur de la douane. — 5 avril.

Rhone, membre de la Commission d'enquête pour les pensions aux victimes de la guerre. — 28 avril.

Ricard (L. X. de), collaborateur du *Journal officiel*. — Numéros des 7 et 24 avril.

Richard, membre de la Commission municipale du XVIᵉ arrondissement. — 6 avril.

Riche (Jean-Marie), nommé huissier. - 29 avril.

Rieder (Joseph), directeur de l'hôpital des Enfants-du-Peuple (ancien hôpital Sainte-Eugénie).— 15 mai.

Riester, membre de la Commission fédérale pour les artistes industriels. — 22 avril.

Rigault (Raoul), délégué à l'ex-Préfecture de police. — 27 mars.
Élu à la Commune. — 28 mars.
Membre de la Commission de sûreté générale. — 30 mars.
Donne sa démission de délégué à l'ex-Préfecture de police. — 25 avril.
Procureur général de la Commune. — 27 avril.

Rist, ingénieur, chef du génie au fort d'Issy. —
8 mai.

Rivière, ingénieur militaire de 2e classe. —
10 mai.

Robinet, élu à la Commune. — 28 mars.
Membre de la Commission d'enseignement. —
30 mars.
Démissionnaire. — 2 avril.

Rochard, élu à la Commune. – 28 mars.
Démissionnaire. — 2 avril.

Roche (Paul), vice-président de la Fédération
artistique. — 15 mai.

Roché, commandant le 122e bataillon. — 28
avril.

Rochette, chirurgien-major du 120e bataillon.
— 28 avril.

Rode, délégué du Comité de la 20e légion de
la garde nationale. – 5 avril.

Rodot (Charles, contrôleur des finances. —
21 mai.

Rogé, aide-major du 192e bataillon. — 9 mai.

Rogeard, élu à la Commune. — 20 avril.
Démissionnaire. — 23 avril.

Roger, aide-major du 257e bataillon. — 19 mai.

Roger, aide-major des éclaireurs-Bergeret. —
13 mai.

Rollin (Eugène), contrôleur des finances. — 22 mai.

Rollin, délégué du Comité de la 20ᵉ légion de la garde nationale. — 5 avril.

Romain, aide-major du 112ᵉ bataillon. — 28 avril.

Romain, membre du jury d'accusation. — 7 mai.

Roquetaillade, aide-major du 183ᵉ bataillon. — 10 mai.

Roselli-Mollet, directeur du service des fortifications. — 8 avril.

Rossel, colonel du génie, chef d'état-major du Ministère de la Guerre. — 13 avril.
Membre de la Cour martiale. — 17 avril.
Président de la Cour martiale. — 18 avril.
Délégué, à titre provisoire, au Ministère de la Guerre. — 1ᵉʳ mai.
Chargé de l'initiative et de la direction des opérations militaires. — 6 mai.
Démissionnaire. — 10 mai.
Est renvoyé devant la Cour martiale. — 11 mai.

Roszezench, membre du Comité de fédération des artistes. — 15 avril.

Rouch, chirurgien-major du 238ᵉ bataillon. — 12 mai.

Rouhier, chirurgien-major du 112ᵉ bataillon. — 28 avril.

Rouin (Henri), membre du jury d'accusation. — 7 mai.

Roullier, délégué du Comité de la 20e légion de la garde nationale. — 5 avril.

Roullier (Édouard), délégué adjoint à l'ex Préfecture de police. — 21 mars.
Membre de la Commission du travail et de l'échange. — 5 avril.

Rouquette, membre du jury d'accusation. — 7 mai.

Rousseau, membre du Comité central. — 20 mars.
Membre de la Commission d'artillerie à la Guerre. — 19 mai.

Rousselle (Dr), directeur général des ambulances. — 23 avril.
Est remplacé. — 5 mai.

Rousselot (Henri), aide-major du 261e bataillon. — 28 avril.

Rousset, chirurgien-major du 70e bataillon. — 8 mai.

Rouveyrolles, membre de la sous-commission des travaux publics à Paris. — 2 avril.

Roy (Edouard), chirurgien-major du 200e bataillon. — 8 mai.

Royer, aide-major du 230e bataillon. — 20 avril.
Médecin-major du même bataillon. — 8 mai.

Rubinowicz, chirurgien-major du 221e bataillon. — 19 mai.

Rumeau, capitaine-adjudant-major des zouaves de la République. — 21 mai.

S

Sabbaïdes (Pierre), chirurgien-major du 241e bataillon. — 30 avril.

Saguet, médecin-major du 102e bataillon. — 8 mai.

Sailly, médecin-major du 109e bataillon. — 12 mai.

Saintot, capitaine au corps des Vengeurs. — 13 et 22 avril.

Saizi, chirurgien-major du 185e bataillon. — 9 mai.

Sallée, membre de la municipalité provisoire du Ier arrondissement. — 3 avril.

Samuel, membre du jury d'accusation. — 7 mai.

6

Sanglier, membre de la Commission d'organisation de l'enseignement. — 29 avril.

Sapia (Madame), membre de la Commission d'instruction pour les écoles de filles. — 22 mai.

Sasseau, membre du jury d'accusation. — 7 mai.

Sassin (Jules), membre de la Commission communale du XVIIe arrondissement. — 28 avril.

Sautas, médecin-major du 15e bataillon. — 8 mai.

Sauton (Henri), curateur des successions vacantes dans le département de la Seine. — 2 mai.

Sauvage (Nicolas), membre de la Commission municipale du XIIe arrondissement. — 4 mai.

Sauvray, membre du jury d'accusation —. 7 mai.

Schmidt, capitaine d'armement et de recrutement à la 8e légion. — 14 mai.

Schneider, délégué du Comité de la 20e légion de la garde nationale. — 5 avril.

Sébire, capitaine aux turcos de la Commune. — 2 mai.

Seguin, commandant d'artillerie détaché à la Guerre. — 3 mai.

Ségur (Albert), aide-major du 103e bataillon. — 9 mai.

Seider (Joseph), contrôleur des finances. — 22 mai.

Selmer, membre de la Commission musicale. — 10 mai.

Sémerie, directeur général des ambulances civiles et militaires. — 5 mai.

Sergent, médecin-major du 167e bataillon. — 12 mai.

Serrailler, membre de la Commission du travail et de l'échange. — 5 avril.
Élu à la Commune. — 20 avril.
Membre de la Commission du travail et de l'échange. — 22 avril.

Servajean, membre du jury d'accusation. — 7 mai.

Servaux, médecin-major du 108e bataillon. — 12 mai.

Sévastopoulo (Nicolas), chirurgien-major par intérim du 105e bataillon.

Sévin (Jean-Baptiste-Victor), nommé huissier. — 28 avril.

Sicard, élu à la Commune. — 20 avril.
Délégué aux ateliers de fabrication de munitions de guerre. — 4 mai.
Membre de la Commission militaire. — 16 mai.
Démissionnaire de cette fonction. — 18 mai.

Simon (Alphonse), membre de la Commission de l'octroi. 2 avril.
Contrôleur des finances. — 21 mai.

Simonne (François), lieutenant de la garde nationale. — 14 avril.

Skalski, chirurgien-major du 240ᵉ bataillon. — 12 mai.

Sost dit **Lafond** (Pierre), aide-major du 80ᵉ bataillon. — 9 mai.

Soteriades (Basile), chirurgien-major du 82ᵉ bataillon. — 19 mai.

Souchard (Claude-Gilbert), médecin-major du 33ᵉ bataillon. — 19 mai.

Soudry, membre de la Commission d'état-major à la Guerre. — 19 mai.
Membre du Comité central. — 20 mai.

Soulaite, médecin-major du 259ᵉ bataillon. — 20 mai.

Spinay (Alfred), chirurgien-major aux éclaireurs de la 17ᵉ légion. — 19 mai.

Spinoy, colonel chef de la 3ᵉ légion. — 19 mai.

Stas (Ferdinand), aide-major du 189ᵉ bataillon. — 1ᵉʳ mai.

Stabross (Démétrius), aide-major du 187ᵉ bataillon. — 10 mai.

Stanbas, membre du jury d'accusation. — 7 mai.

Steyvers (Édouard), nommé huissier. — 28 avril.

Stoffel (Charles), nommé huissier. — 28 avril.

Straul, capitaine du 248ᵉ bataillon. Tué à Châtillon. — 6 avril.

Streff (Pierre-Ambroise), capitaine au 105ᵉ bataillon. — 24 avril.

Sulot (Hubert), sous-aide-major du 166ᵉ bataillon de la garde nationale. — 25 avril.
Aide-major au 64ᵉ bataillon. — 9 mai.

Susène (Étienne), médecin-major du 115ᵉ bataillon. — 28 avril.

Syneck, sous-aide-major du 151ᵉ bataillon. — 21 avril.

T

Tabourin, commissaire de surveillance au chemin de fer de l'Ouest. — 23 avril.

Tailhardat médecin-major du 208ᵉ bataillon. — 11 mai.

Taillade, membre de la Commission communale du XXᵉ arrondissement. — 5 avril.

Tanguy, membre de la municipalité provisoire du Ier arrondissement. — 3 avril.

Tauzin (Achille), aide-major du 60e bataillon. — 8 mai.

Tavernier (Jules), aide-major du 158e bataillon. — 10 mai.

Temczynski (Ladislas), aide-major du 239e bataillon. — 10 mai.

Testore (Julien), aide-major du 173e bataillon. — 11 mai

Teton (Pierre), capitaine du 120e bataillon. — 14 avril.

Teullière, délégué adjoint à la préfecture de police. — 21 mars.
Membre de la Commission du travail et de l'échange. — 5 avril.

Thaller, sous-gouverneur du fort de Bicêtre. — 9 mai.

Theisz, élu à la Commune. — 28 mars.
Membre de la Commission du travail. — 30 mars.
Adjoint à la Commission des finances, et délégué à la direction des postes. — 6 avril.
Membre de la Commission du travail et de l'échange. — 22 avril.

Theisz (Félix), capitaine d'artillerie, tué à Neuilly. — 8 mai.

Thélène (Léon), aide-major du 214e bataillon. — 16 mai.

Thélidon (Louis-Michel), nommé commissaire-priseur. — 28 avril.

Thévenot, membre du jury d'accusation. — 7 mai.

Thierry-Mig, médecin-major du 221ᵉ bataillon. — 8 mai.

Thiot, chirurgien-major du 207ᵉ bataillon. — 19 mai.

Thirion, commandant du génie. — 13 avril.

Thouvenin (Jules), nommé huissier. — 28 avril.

Tiersonnier, membre de la Commission médicale à la Guerre. — 19 mai.
Membre du Comité central. — 20 mai.

Tirard, élu à la Commune. — 28 mars.
Démissionnaire. — 2 avril.

Tony-Moilin, chirurgien-major du 193ᵉ bataillon. — 22 avril.
Membre de la Commission municipale du XIIᵉ arrondissement. — 4 mai.

Tournois, membre de la Commission d'infanterie à la Guerre. — 19 mai.
Membre du Comité central. — 20 mai.

Toussaint, membre de la municipalité provisoire du Iᵉʳ arrondissement. — 3 avril.

Tranchant (Jules), chirurgien-major du 243ᵉ bataillon. — 10 mai.

Treillard, directeur de l'Assistance publique.
— 13 avril.

Treillard (Camille), membre de la Commission
de révision des noms des salles des hospices et hôpitaux. — 10 mai.

Trescartes, chirurgien-major du 234ᵉ bataillon. — 11 mai.

Tresch (Jean), capitaine au 105ᵉ bataillon. —
Ancien militaire, 14 ans de service, décoré de la
médaille militaire à Buzenval,— « serrurier » dit le
Journal officiel. — 24 avril.

Triat (Hippolyte), directeur du corps des gym-
nastes. — 5 avril.

Trichon, membre du Comité de fédération des
artistes. — 15 avril.

Tridon, élu à la Commune. — 28 mars.
Membre de la Commission exécutive. — 30 mars.
Membre de la Commission de la guerre. — 22
avril.
Chargé du contrôle de la Manutention. − 3 mai.

Trinquet, élu à la Commune. — 20 avril.
Membre de la Commission de sûreté générale.
— 22 avril.

Turpin, membre de la Commission municipale
du XVIᵉ arrondissement. — 6 avril.

Turpin (Eugène), sous-aide-major du 24ᵉ bataillon. —22 avril.

U

Urbain, élu à la Commune. — 28 mars.

Membre de la Commission de l'enseignement. — 30 mars.

Membre de la Commission militaire. — 16 mai.

Uruéta, aide-major du 104e bataillon. — 9 mai.

V

Vaillant (Ed.), délégué à l'Intérieur. — 25 mars.

Élu à la Commune. — 28 mars.

Membre de la Commission exécutive. — 30 mars.

Délégué à l'enseignement. — 21 avril.

Membre de la Commission exécutive. — 27 avril.

Valabrègue, sous-aide-major du 22e bataillon de la garde nationale. — 25 avril.

Valatz, membre de la Commission de l'habillement et du campement à la Guerre. — 19 mai.
Membre du Comité central.

Valigranne, colonel, sous-chef d'état-major général de la garde nationale et commandant militaire à l'Hôtel de ville. — 22 mars.

Vallès (Jules), élu à la Commune. — 28 mars.
Membre de la Commission des Relations extérieures. — 22 avril.
Membre de la Commission de révision des jugements de la Cour martiale. — 25 avril.

Valtier, aide-major du 52e bataillon. — 8 mai.

Vamy (Hilaire), membre du jury d'accusation. — 7 mai.

Vanostal, commandant le 115e bataillon. — 18 mai.

Vapereau (Paul), collaborateur du *Journal officiel*. — Numéros des 4 et 19 avril.
Contrôleur des finances. — 21 mai.

Varlin, membre du Comité central.—20 mars.
Délégué au ministère des finances. — 24 mars.
Élu à la Commune. — 28 mars.
Membre la Commission des finances. — 30 mars.
Membre de la Commission des subsistances. — 22 avril.
Directeur général de la manutention et des approvisionnements militaires. — 4 mai.
Adjoint à la Commission de la guerre. — 6 mai.
Délégué à l'Intendance. — 21 mai.

Vauthier (J.), aide-major du 132ᵉ bataillon.—
16 mai.

Vauthier. — Voir Moreau.

Vaumale, membre du jury d'accusation. —
7 mai.

Veillard, chirurgien aide-major du 149ᵉ bataillon. — 19 avril.

Verdure, élu à la Commune. — 28 mars.
Membre de la Commission d'enseignement. —
30 mais.

Verger, aide-major du 45ᵉ bataillon.—10 mai.

Vergès (Justin), aide-major du 58ᵉ bataillon. —
19 mai.

Vergnaud, délégué adjoint à l'ex-Préfecture
de police. — 21 mars.

Vermorel, élu à la Commune. — 28 mars.
Membre de la Commission de justice.—30 mars.
Membre de la Commission exécutive. — 4 avril.
Membre de la Commission de sûreté générale. —
22 avril.

Vernet (François), juge de paix du XVIIᵉ arrondissement. — 12 mai.

Verois, membre du jury d'accusation.—7 mai.

Vésinier, élu à la Commune. — 20 avril.
Membre de la Commission des services publics.
— 22 avril.
Rédacteur en chef du *Journal officiel.* — 13 mai

Vial, chirurgien principal de la 17e légion. — 21 avril.

Viard, membre du Comité central. — 20 mars.
Élu à la Commune. — 20 avril.
Délégué au service des subsistances. — 21 avril.
Membre de la Commission exécutive. — 27 avril.

Viat, capitaine adjudant-major au 76e bataillon. — 16 avril.

Vidal, membre du jury d'accusation. — 7 mai.

Vigier, chirurgien-major du 17e bataillon. — 8 mai.

Vignancour, chirurgien-major du 151e bataillon — 20 avril.

Vignat (Jean-Claude), nommé huissier. — 4 mai.

Villaret, chirurgien-major du 148e bataillon. — 19 avril.

Villemetz, membre du jury d'accusation. — 7 mai.

Viloc, membre du jury d'accusation. — 7 mai.

Vilmet, médecin-major du 21e bataillon. — 20 mai.

Vincent (Jules), délégué à la Bibliothèque nationale. — 6 avril.
Relevé de ses fonctions — 29 avril.

Vinsonneau, aide-major du 84e bataillon. — 28 avril.

Violette (Paul), contrôleur des finances. — 21 mai.

Virtely, chef du 1er bureau du cabinet à la préfecture de police. — 27 avril.

Vivier, chirurgien principal de la 7e légion. — 22 avril.

Vizet, capitaine d'état-major. — 28 avril.

Volpénil, directeur général des octrois. — 2 avril.

Volpesne, membre du jury d'accusation. — 7 mai.

Voncken (Adolphe), avocat, est nommé président chargé des référés, des conciliations en matière de séparation de corps et des légalisations de signatures. — 27 avril.
Président du tribunal civil de la Commune. — 13 mai.

Vuillaume, chef du 234e bataillon. — 4 avril.

Vuillaume (Maxime), collaborateur au *Journal officiel*. — 27 avril [1].

1. Voir, au sujet de tous les collaborateurs littéraires du *Journal officiel*, la très-intéressante publication faite par la Librairie des bibliophiles sous ce titre : *Littérature officielle pendant la Commune* (1 vol. in-18).

W

Warmont (Arthur), aide-major du 34e bataillon. — 20 mai.

Watellier (Louis), contrôleur des finances. — 21 mai.

Weil, commissaire adjoint de surveillance au chemin de fer de l'Est. — 23 avril.

Wetzel, colonel commandant le fort d'Issy. Révoqué. — 5 mai.

Winckler, membre du jury d'accusation. — 7 mai.

Wilton (François-Georges), aide-major du 72e bataillon. — 13 mai.
Chirurgien-major du même bataillon. — 14 mai.

Winant, membre de la municipalité provisoire du Ier arrondissement. — 3 avril.

Witt (Jean-Baptiste), chef de la 7e légion. — 24 avril.

Witz, chirurgien-major du 215e bataillon. — 20 avril.

Wroblewski, général commandant le 2ᵉ grand commandement. — 29 avril.

Étend son commandement sur toute la rive gauche de la Seine. — 1ᵉʳ mai.

Würth, juge d'instruction au parquet du procureur de la Commune. — 18 mai.

Y

Youf, sous-aide-major du 148ᵉ bataillon. — 18 avril.

Z

Zabé, chirurgien-major du 100ᵉ bataillon. — 28 avril.

APPENDICES

APPENDICE I.

UNE PAGE DE L'HISTOIRE DE LA COMMUNE.

M. Henri Duguiès, auteur du *Livre d'or de la Commune*, a été, au mois d'avril dernier, le héros d'un petit épisode qui fait grand honneur à son sang-froid et à son dévouement.

Vers le milieu d'avril, à la suite de certains avis que j'avais reçus, il m'avait paru sage de quitter, avec toute ma famille, l'appartement que nous occupons depuis plusieurs années sur le boulevard des Capucines. Je savais que plusieurs fois déjà on avait songé à lancer des mandats d'arrêt non-seulement contre moi, mais contre mon beau-père, M. Eugène Rolland, directeur du *Messager de Paris*. Notre maison était d'ailleurs fort mal située. Placée juste en face de la rue de la Paix, elle recevait perpétuellement la visite des gardes nationaux qui occupaient soit la place Vendôme, soit le nouvel Opéra. Le jour de la fusillade de la place Vendôme, des balles étaient entrées dans notre porte; et précisément à ce moment-là certaines circonstances de famille me faisaient désirer le plus grand

calme, sinon pour moi, du moins pour les êtres qui m'é-
taient les plus chers.

Nous nous étions réfugiés d'abord à l'hôtel Bedford,
rue de l'Arcade, puis dans une maison meublée, rue de
l'Isly, n° 7. M. Henri Duguiès, le principal collaborateur
de mon beau-père au *Messager de Paris*, était au nombre
des deux ou trois amis qui connaissaient le lieu de notre
retraite. En dehors de ces quelques amis, nous avions dit
à tout le monde, pour prévenir les questions, que nous
étions établis à la campagne, aux portes de Paris. Nous
n'avions point emmené de domestiques. Nous n'avions
avec nous qu'une religieuse qui soignait avec un rare dévouement ma femme et mon enfant. J'admirais cette sainte
fille quand je la voyais, bravant le danger qu'il y avait à
se montrer dans Paris sous le costume de son ordre, se
rendre chaque matin à la messe de sept heures, en passant devant les postes fédérés.

Nous n'étions pas précisément cachés, puisque nous al-
lions tous les jours, moi au bureau du *Journal de Paris*,
mon beau-père au bureau du *Messager*; mais du moins
nous ne risquions pas d'être arrêtés à l'improviste pendant
la nuit. Nous pouvions, le jour où le danger deviendrait
imminent, prendre nos précautions. Les braves gens chez
lesquels nous logions ne nous connaissaient pas : nous
passions auprès d'eux pour des habitants de Neuilly qui
avaient fui le bombardement. Quand même ils en auraient
su davantage, ils ne nous auraient pas trahis : nous avons
eu occasion de juger depuis à quel point ils étaient dignes
de notre confiance.

Vers la fin d'avril, mon beau-père fut dénoncé nominativement dans le *Cri du Peuple*. Je savais quelles conséquences pouvait avoir une semblable dénonciation. Le
malheureux Gustave Chaudey avait été arrêté après avoir
été dénoncé de la même façon par le *Père Duchêne*. J'engageai mon beau-père à ne pas se montrer de quelques

jours au bureau de son journal. Il répugnait à prendre
cette précaution. Il prétendait, au surplus, que, si par mal-
heur il était arrêté, ce serait un ennui sans doute, mais
non pas un danger. Il ne voulait pas admettre qu'on pût
en venir à un nouveau massacre des prisons. Toutefois,
par condescendance pour moi, il consentit à suivre mes
conseils.

Au bout de deux ou trois jours cependant, ne voyant
rien venir, il crut pouvoir reparaître à son bureau. Il avait
même l'intention de passer à notre appartement du boulevard des Capucines, pour y prendre quelques papiers. Je
n'étais pas complétement rassuré pour lui. Je savais que
la veille M. Duguiès, qui remplaçait mon beau-père au
Messager, avait reçu une visite suspecte. Un individu s'é-
tait présenté plusieurs fois au bureau du *Messager*. Il avait
demandé M. Rolland. Ne l'ayant pas rencontré, il s'était
adressé à M. Duguiès et s'était présenté à lui comme un
ancien rédacteur de l'*Avenir national* qui demandait à
écrire dans le *Messager*. Cette visite avait paru étrange à
M. Duguiès comme à moi.

C'était le dimanche 30 avril. Sans en rien dire à mon
beau-père, je me rendis avant lui à notre appartement, et
là j'appris qu'un individu s'était présenté à minuit et demi,
demandant à parler à M. Rolland pour affaire pressée.
Le même individu était revenu le matin à six heures, était
de nouveau monté à notre appartement, après avoir préa-
lablement posé une sentinelle à chacune des deux portes
de la maison. Il n'avait rien trouvé; mais nul doute qu'il
ne revînt.

Je me mis immédiatement à la recherche de mon beau-
père, que j'eus la bonne fortune de rencontrer quelques
instants après sur le boulevard. Je l'engageai vivement à
ne paraître ni à la maison ni au bureau de son journal.
Comme il tenait absolument à causer avec son principal
collaborateur pour la confection du numéro du jour, nous

nous mîmes à la recherche de M. Duguiès, que nous trou-
vâmes déjeunant au restaurant Grosselête, au passage de
l'Opéra. Je laissai là mon beau-père.

A cinq heures et demie, nous voyons arriver, rue de
'Isly, M. Duguiès, qui devait venir ce jour-là dîner avec
nous : « Pincé, mon cher », me dit-il en entrant. Comme
M. Rolland n'était pas encore rentré, nous crûmes que
c'était lui qui avait été arrêté, et nous fûmes naturellement
très-émus. Il n'en était rien, heureusement. Voici ce qui
s'était passé :

Après s'être entretenus quelques instants au restaurant
Grosselête, mon beau-père et M. Duguiès s'étaient sépa-
rés. M. Rolland était sorti le premier. M. Duguiès s'était
également levé, au bout de quelques minutes, pour se
rendre au bureau du *Messager*. Au moment où il mettait
le pied sur le trottoir du boulevard, un homme descend
d'une voiture qui venait de s'arrêter en face du restaurant.
Il s'approche de M. Duguiès, qui le reconnaît : c'était l'individu qui s'était présenté la veille comme ancien rédacteur
de l'*Avenir national*. C'était un commissaire de police de
la Commune. Il exhibe ses insignes. Il était accompagné
de deux agents. Il invite M. Duguiès à monter en voiture
avec lui pour se rendre à la préfecture de police.

M. Duguiès est ancien militaire. C'est un homme d'une
grande énergie. Il s'était promis qu'on ne l'arrêterait jamais; et, depuis le 18 mars, il portait toujours sur lui un
revolver, pour pouvoir se défendre en cas de besoin. Mais,
avec une rare présence d'esprit, il comprit tout de suite
que son arrestation était le résultat d'une erreur. Il pensa
qu'en se laissant arrêter il donnerait du temps à M. Rolland pour se mettre à l'abri des recherches Il se laissa
donc conduire à la préfecture de police sans demander et
sans donner d'explications. Là, il dut attendre pendant
près de trois heures qu'on eût procédé à l'interrogatoire
d'autres personnes qui venaient d'être arrêtées.

Après quoi, le commissaire de police de la Commune, s'approchant de lui : « Eh bien! monsieur Rolland, lui dit-il fort poliment, qu'avez-vous à nous dire? — M. Rolland! Mais vous vous trompez, je ne suis pas M. Rolland. —Allons donc, vous plaisantez.—Pas le moins du monde; je plaisanterais si je voulais me faire passer pour M. Rolland. — Mais nous avons pris nos renseignements. — Vous les avez mal pris. — Mais je vous ai vu hier installé au bureau du *Messager*. — Oui, j'y étais pour remplacer M. Rolland. — C'est bien ce que vous m'avez dit; mais j'ai cru que vous me trompiez. — C'est vous qui vous trompiez. — Eh bien, nous allons faire constater votre identité. Ne vous sera-t-il pas trop désagréable de vous laisser accompagner jusque chez vous par deux de nos agents? — Nullement; par le temps qui court, il n'y a pas de déshonneur à cela. Mais je n'ai pas besoin de cela pour vous prouver mon identité. Voici un passe-port qui contient mon signalement; voici mon certificat de libération du service militaire. Voici quelques autres papiers que j'avais sur moi quand vous m'avez arrêté. Vous le voyez, le doute n'est pas possible. Il y a une erreur matérielle.

M. Duguiès fut relâché, avec force excuses; mais par son sang-froid il avait sauvé mon beau-père, qui rentra quelques instants après, et qui, s'étant montré dans plusieurs endroits pendant la journée, aurait peut être été arrêté par les agents de la Commune si ceux-ci n'avaient pas cru le tenir déjà dans leurs mains.

ÉDOUARD HERVÉ.

(*Journal de Paris.*)

APPENDICE II.

LE GÉNÉRAL CLUSERET.

Cluseret est un homme de quarante-huit ans, qui a été bien élevé; il est fils d'un ancien officier de l'empire, devenu colonel du 55ᵉ sous la monarchie de juillet, et très-ami du roi Louis-Philippe, chez lequel il faisait du libéralisme sous la restauration. Je crois même que Cluseret est le filleul du feu roi. Reçu à l'école militaire de Saint-Cyr, il en sort en 1845, sous-lieutenant au 55ᵉ, dans le régiment de son père, et s'y fait remarquer par son penchant à l'indiscipline. Le papa Cluseret, comme tous les militaires qui ont fait du libéralisme dans leur jeunesse, était roide dans le service, et il administra nombre de jours d'arrêts simples ou forcés à son héritier présomptif.

La révolution de février arrive; Cluseret, en garnison à Paris, était de garde à la Banque avec une section de grenadiers du 55ᵉ. La garde nationale du quartier le relève, et le baron d'Argout cache officier et soldats pendant deux jours, puis il les fait filer sous des déguisements, pour les soustraire à la fureur du peuple.

Le général Duvivier, chargé d'organiser la garde mobile, utilise Cluseret et l'envoie à la caserne Mouffetard comme adjudant-major du 23ᵉ bataillon. Les mobiles le nomment chef de bataillon, et, aux journées de juin, il les conduit si bien au feu qu'il est nommé chevalier de la Légion d'honneur.

Il est à remarquer que le Comité central n'est pas bien logique : il ne désapprouve pas l'assassinat du général Clément Thomas, *parce que* le général Clément Thomas a fait tirer sur le peuple en juin 1848, et il choisit M. Cluseret pour ministre de la guerre, *quoiqu*'il ait fait tirer sur le peuple à la même époque.

J'ai bien peur que la logique du Comité central ne soit pas plus logique que celle des autres gouvernements.

Après la dissolution de la garde mobile, Cluseret retourne à son ancien régiment avec le grade de lieutenant; mais déjà il est mécontent de ne pas conserver la graine d'épinards; il sera mécontent toute sa vie. Bientôt après il est mis en non-activité pour politique, — puis replacé, grâce à la protection.du maréchal Magnan, autre ami de son père. — En 1853, il passe aux chasseurs à pied, fait la campagne de Crimée, est nommé capitaine et va en Afrique, où l'élasticité de ses principes en matière de propriété le force à donner sa démission.

Par la protection de M. Pelletan, *le Siècle* l'expédie à l'armée de Garibaldi en 1860. Il y devient lieutenant-colonel; puis, au début de la guerre d'Amérique, il parvient, toujours par la protection du *Siècle*, à se faire attacher à l'armée du Nord comme colonel. A-t-il été nommé général ou bien n'a-t-il rempli que les fonctions de colonel commandant une brigade? Toujours est-il qu'il rentre dans la vie civile, avant la fin de la guerre, avec le titre de général, qu'il porte depuis imperturbablement et démocratiquement.

Il fait du journalisme; — les mauvaises langues affirment qu'il a trahi ses commanditaires et ses protecteurs; — puis il revient en France en passant par l'Angleterre. Dans ce dernier pays il laisse, comme partout d'ailleurs où il a passé, de médiocres souvenirs. Il est mêlé aux agitations des fenians, qui l'accusent de les avoir trahis, et cependant il est condamné à mort par les tribunaux anglais. En France il se mêle à de mauvaises affaires, est condamné à deux mois de prison pour un article dans un journal d'art. Là il se lie, à Sainte-Pélagie, avec les internationaux, qu'il flatte et qui se moquent de lui. On le trouve à la tête de la grève des employés de la nouveauté; puis, après les élections de 1869, il est expulsé administrativement, sur la plainte du ministre de la guerre, qui affirme savoir qu'il cherche à détourner les sous-officiers de leurs devoirs.

Il se réclame du consul américain, qui obtient du ministre des affaires étrangères que Cluseret sera rapatrié aux frais du gouvernement français.

On le voit revenir à Paris après le 4 septembre. Un article de lui inséré dans le numéro de réapparition de *la Marseillaise* soulève Paris. Rochefort désapprouve Cluseret, qui cherche alors à fomenter la division dans les clubs de la capitale. — Mais avant l'investissement de Paris il disparaît, se trouve encore dans les insurrections de Marseille et de Lyon, c'est-à-dire partout où l'on s'agite contre la société et où l'on n'a pas envie de se battre contre les ennemis de la France.

Les personnalités du parti républicain et du parti socialiste seront très-sévèrement jugées par l'histoire : car, depuis le commencement de la guerre, elles ont toujours fait les affaires des Prussiens, sans se préoccuper plus de l'idée de patrie que si c'était une niaiserie.

A la stupide formule de *la République au-dessus du suffrage universel* ils ont ajouté celle-ci, non moins égoïste : *la République au-dessus de la patrie.*

Je reviens à Cluseret.

Je le crois capable des plus grands excès par vanité, par forfanterie; — mais ce n'est pas un homme convaincu. Mécontent surtout d'être déclassé, sentant qu'il ne peut se rattacher à la classe supérieure, qu'il a désertée, il se venge sur la société des accrocs qu'il a faits à sa propre considération.

Je le crois incapable d'un travail suivi et surtout de tenue et de continuité dans les idées. Du militaire il n'a conservé que l'*argot* du métier; il a l'esprit brouillé, confus, indécis. Il doit être très-brave, car il l'a été en Afrique et en Crimée, mais il doit être incapable d'un grand héroïsme et d'un grand sacrifice, car il ne croit à rien. C'est un ambitieux qui a manqué de correction dans sa carrière, qui a pris, au lieu de la ligne droite, le chemin de traverse, et qui s'y est rompu l'honneur et le bon sens. Qu'y a-t-il de plus cruel que le spectacle d'un homme comme il faut, bien élevé, né pour faire quelque chose d'utile, descendant volontairement dans les bas-fonds de la société? Cluseret est ainsi, et à chaque étape nouvelle il laisse un peu de lui-même.

A Sainte-Pélagie [1] j'ai constaté à plusieurs reprises sa haine persistante contre la société. Il m'appelait bourgeois avec ironie et insistance.

« Eh bien! qu'êtes-vous donc? » lui dis-je un jour.

Comme il hésitait, j'ajoutai :

« Vous êtes aussi bourgeois, et tellement bourgeois que votre cœur se soulèverait à l'idée de devenir voleur, mais que vous vous accommoderiez bien de la position de chef de voleurs. »

Il en convint assez agréablement. . . . .

. . . .

JULES RICHARD.

(*Le Figaro.*)

1. Où l'auteur de l'article, incarcéré pour délit de presse, passa deux mois avec M. Cluseret.

APPENDICE III.

La lettre suivante mérite d'être conservée à titre de document historique :

« *Au Rédacteur du* Cri du Peuple.

.... Mai 1871.

« Citoyen directeur,

« Il est utile que les faits suivants soient portés à la connaissance de la garde nationale.

« Je garantis leur exactitude sur mon honneur de soldat.

« Les cruautés exercées contre les prisonniers fédérés par les Versaillais dépassent l'imagination ; c'est à tel point que beaucoup d'officiers ennemis en éprouvent une vive indignation.

« Deux fédérés mariés sont faits prisonniers ; leurs femmes vont à Versailles pour intercéder en leur faveur, on leur répond brutalement : « Ils ont été fusillés hier, et « vous deux, qui appartenez à ces brigands, vous le serez « aussi demain matin. »

« On les jette au cachot, et à chaque instant les bourreaux viennent leur répéter : « Vous n'avez plus que tant « d'heures à vivre ; vos enfants seront orphelins. » Et après avoir torturé pendant une nuit entière ces pauvres

veuves, mères de famille, on leur ren] la liberté au jour
en les chassant honteusement de la ville.

« Les prisonniers sont jetés, en arrivant à Versailles,
dans les caves humides situées dans les casernes, et, par
les soupiraux où les captifs collent leur tête pour humer
un peu d'air, la sol]atesque sauvage s'amuse à les fusiller
et à tirer dans toutes les directions sur ces infortunés
captifs entassés. Tout les coups portent.

« Les blessés eux-mêmes sont traités avec férocité : non-
seulement ils ne sont pas soignés, mais on fait tout pour
q]ie les blessures s'enveniment, que la gangrène s'y déve-
loppe, que la mort soit inévitable; si elle est lente, l'agonie
atroce, tant mieux : ils rient, les lâches !

« Je termine par le fait suivant, que je jure être vrai :

« Un blessé porté sur une civière, la poitrine déchirée
par un obus, traversait la rue des Réservoirs. Une noble
dame s'approche du moribond, l'accablant d'injures; elle
enfonce l'extrémité de son ombrelle dans la plaie béante,
et, avec volupté, elle se met à fouiller, à ravager, cher-
chant le cœur pour le déchirer.

« Le patient ouvre démesurément les yeux sous la dou-
leur atroce qu'il éprouve, la regarde, murmure : « In-
« fâme!... » et meurt.

« Salut et fraternité.

« Général C. DU BISSON. »

APPENDICE IV.

DÉMISSION DE M. RANC.

M. Ranc a été élu membre de la Commune de Paris. Il en a conservé les fonctions jusqu'au 6 avril, jour où il a donné sa démission, motivée ainsi qu'il suit dans une lettre publiée par le *Mot d'Ordre*, et qu'il est bon de ne pas oublier :

« *Aux citoyens Membres de la Commune.*

« Paris, 6 avril.

« Citoyens,

« Désapprouvant sur plusieurs points graves la direction imprimée au mouvement communal, ne voulant pas, d'autre part, créer de dissentiment au moment où la République a le plus besoin d'unité d'action, je prends le parti de me retirer et de vous adresser ma démission.

« Je rentre dans les rangs et redeviens simple soldat de Paris, de la Commune et de la République.

« Salut et fraternité.

« A. RANC. »

APPENDICE V.

ORIGINE ET NATIONALITÉ DE QUELQUES FONCTIONNAIRES DE LA COMMUNE [1].

A

Allix (Jules), professeur et physicien.

Amouroux (Charles), ouvrier chapelier.

Andrieu, professeur et ancien comptable, auteur d'un livre, *l'Histoire du moyen âge* (Bibliothèque de l'école mutuelle).

Anys-el-Bittar, Égyptien.

Arnaud (Antoine), employé de chemin de fer, puis rédacteur de la *Marseillaise*.

Arnold architecte.

Arnould (Arthur), homme de lettres, ancien rédacteur de la *Marseillaise*.

Assi, ouvrier mécanicien.

Avrial, ouvrier mécanicien.

---

1. Consulter à ce sujet l'excellent petit livre de M. Jules Clère : *Les Hommes de la Commune* (in-18, Dentu).

B

Babick. ancien étudiant, devenu ensuite parfumeur; de nationalité polonaise.

Bech (Lauritz), Polonais.

Bergeret, ouvrier typographe.

Beslay (Charles), ingénieur et ancien député.

Billioray, artiste peintre. (Voir le *Livret du Salon de 1866*, section des Refusés.)

Biondetti, Italien.

Blanchet, né **Pourille**, ancien secrétaire de commissaire de police, ancien failli. (Lire, à son sujet, la séance de la Commune du 5 mai.)

Brunel, ancien sous-lieutenant de cavalerie, chef du 107e bataillon pendant le siége.

C

Carneiro da Cunha, Portugais.

Capellaro, Italien.

Chalain, ouvrier tourneur en cuivre.

Charalambo, Polonais.

Chardon, ouvrier chaudronnier.

Clémence (Adolphe), ouvrier relieur.

Clément (Émile), ouvrier cordonnier.

Clément (J.-B.), journaliste et chansonnier.

Clément (Victor), ouvrier teinturier.

Cluseret, ancien chef de bataillon de la mobile en 1848, — décoré de la Légion d'honneur le 28 juillet 1848. — Naturalisé Américain.

Combatz, employé du télégraphe, chassé pour malversation.

Combault, ouvrier bijoutier.

Courbet, artiste peintre.

Cournet, rédacteur du _Réveil._

D

Debock, qui fut directeur de l'Imprimerie nationale, était un ouvrier typographe.

Delescluze, journaliste.

Demay, ouvrier sculpteur.

Dereure, cordonnier, puis gérant de la _Marseillaise_.

Dombrowski, Russe.

Dupont (A.), ancien employé au Crédit foncier.

Dupont (Clovis), ancien ouvrier vannier.

Durand (Jacques), ouvrier cordonnier.

Durnof, Polonais.

E

Echenlaub, commandant du 88e bataillon, Allemand.

Eudes, pharmacien, puis correcteur d'imprimerie

F

Ferré (Th.), ancien clerc d'avoué.

Ferrera-Gola, Portugais.

Franckel, huissier, ouvrier bijoutier.

G

Gambon, ancien journaliste, ancien représentant du peuple.

Gérardin (Charles), commis-voyageur.

Gérardin (Eugène`, ouvrier.

Géresme (Hubert), ouvrier.

Gréjorok, Valaque.

Grousset (Paschal , étudiant en médecine, puis journaliste.

H

Hertzfeld, Allemand.

I

Iziquierdo, Polonais.

J

Johannard, ouvrier feuillagiste, puis employé de commerce.

Jourde, ancien caissier, en dernier lieu petit bonnetier rue Boissy-d'Anglas.

L

La Cécilia, Italien.

Langevin, tourneur sur métaux.

Ledroit, capitaine de la garde nationale pendant le siége.

Lefrançais, ancien maître d'école, puis comptable dans la maison Richer.

Lonclas, ancien homme de peine, devenu ensuite caporal infirmier, puis chef du 73e bataillon.

Longuet, étudiant et journaliste.

M

Malon, successivement garçon de peine, portefaix, ouvrier teinturier, député, etc.

Maratuch (docteur), Hongrois.

Martelet, peintre en décors.

Mégy, mécanicien.

Melliet (Léo', avocat.

Millière, caissier d'une compagnie d'assurances, puis député.

Miot (Jules), pharmacien ; a été représentant du peuple à la Législative (1848).

Mizara, commandant le 104e bataillon, Italien.

Mortier, employé chez un architecte.

Murat (André-Pierre), mécanicien.

O

Okolowicz. Polonais.

Ostyn, ouvrier, sujet belge.

Oudet, peintre sur porcelaine.

P

Parisel, médecin.

Philippe, intermédiaire pour les ventes de fonds de marchands de vin ; a été chef du 56e bataillon.

Pillot, ancien prêtre, puis médecin.

Pindy, ouvrier menuisier.

Pisani, aide-de-camp de Flourens, Italien.

Pottier (Eugène), chef d'une maison de dessins industriels.

Protot, avocat et journaliste.

Pugno (Raoul), directeur de la musique à l'Opéra,
Italien.

Pyat (Félix), auteur dramatique et journaliste.

R

Ranvier, ancien peintre sur laque.

Rastoul, médecin.

Régère (Th.), vétérinaire.

Rigault (Raoul), étudiant en médecine et journaliste.

Romanelli, directeur à la Guerre, Italien.

Rubinowicz, Polonais.

S

Serrailler, ouvrier cordonnier.

Sicard, cordonnier (rue du Bac).

Soteriades, Espagnol.

T

Theisz, ouvrier ciseleur.

Tridon, avocat et journaliste.

Trinquet, cordonnier (à Belleville).

V

Vaillant, ingénieur, puis médecin; était docteur ès sciences.

Vallès (Jules), journaliste.

Varlin, ouvrier relieur; a été, pendant le siége, chef du 193e bataillon. Peu après sa nomination, ses officiers, le connaissant mieux, le forcèrent à donner sa démission.

Verdure, professeur, puis comptable de commerce.

Vermorel, publiciste.

Vésinier, journaliste.

Viard, tapissier.

W

Witton (Dr), Américain.

Wroblewski, Polonais.

APPENDICE VI.

DÉCRET ORGANISANT LE SERVICE DES INCENDIES.

En vertu du décret qui suit, nous aurions pu ajouter aux titres, ci-dessus donnés, des personnages qui y figurent, la qualité de « chefs des fuséens! »

Comité de Salut public.

Le citoyen Millière, à la tête de 150 fuséens, incendiera les maisons suspectes et les monuments publics de la rive gauche.

Le citoyen Dereure, avec 100 fuséens, est chargé du 1er et du 2e arrondissement.

Le citoyen Billioray, avec 100 hommes, est chargé des 9, 10e et 20e arrondissements.

Le citoyen Vésinier, avec 50 hommes, est chargé spécialement des boulevards de la Madeleine à la Bastille.

Ces citoyens devront s'entendre avec les chefs de barricades pour assurer l'exécution de ces ordres.

Paris, 3 prairial an 79 (24 mai).

Signé : DELESCLUZE. — RÉGÈRE. — RANVIER. — JOHANNARD. — VÉSINIER. — BRUNEL. — DOMBROWSKI.

APPENDICE VII.

—

RÉCLAMATIONS.

———

Nous empruntons au *Journal de Paris* les lettres et réclamations suivantes :

I

M. BOUSSAGOL.

Paris, le 29 juin 1871.

Monsieur,

Je lis dans votre feuilleton de ce jour : Boussagol, adjudant, membre de la commission provisoire des officiers et adjudants-payeurs de la garde nationale (1er avril).

Veuillez, je vous prie, monsieur, dire dans votre plus prochain numéro que Boussagol (Urbain), artiste à l'Opéra, n'a aucun rapport avec celui qui figure dans le Livre d'or de la Commune.

Agréez, etc.

Boussagol, 80, *rue Lepic*.

II

M. DELARUE.

Monsieur le rédacteur,

Chirurgien-major du 11e bataillon de la garde nationale de Paris depuis 1848 jusqu'au 30 mai, où elle vient d'être dissoute, j'ai été fort surpris de voir mon nom figurer comme médecin-major dans le *Journal de la Commune*. J'ignore donc d'où m'est venue cette insigne faveur dont je n'avais pas besoin.

Agréez, etc....

Paris, le 28 juin 1871.

Dr DELARUE.

III

M. BOIZARD.

Paris, 1er juillet 1871.

Mon cher monsieur Hervé,

Monsieur Duguiès a, sans penser à mal, fait de la peine à un galant homme et à tous ses amis. Il fait figurer dans le *Livre d'or de la Commune* M. Boizard (P.) comme chargé, le 10 mai, de la comptabilité à la Bibliothèque nationale. Il en exerçait les fonctions depuis plusieurs années, et était, depuis quinze ans, notre collègue et ami à tous. Serait-il indiscret de vous demander qu'une note de deux lignes annonçât qu'il avait été mentionné par erreur dans la liste ?

Recevez, etc....

ERNEST BRÉHAUT,
De la Bibliothèque nationale.

Cette réclamation est accompagnée dans le *Journal de Paris* de la judicieuse réponse suivante :

M. Bréhaut se trompe. Je n'ai pas dit que M. Boizard avait été chargé, le 10 mai, de la comptabilité de la Bibliothèque nationale. J'ai dit que le *Journal officiel* du 10 mai constatait qu'il *était*, à cette date, chargé de cette comptabilité, ce qui est exact et différent. M. Bréhaut a pris la date d'une constatation de fait pour celle d'une nomination relevée.

H. D.

IV

M. DUSSAU.

Paris, le 3 juillet 1871.

Monsieur,

J'ai lu dans le numéro du 3 juillet courant, article du *Livre d'or de la Commune*, Dussaut, 14, rue de Vanves, membre du Jury d'accusation (7 mai).

Veuillez être assez obligeant pour annoncer, dans votre plus prochain numéro, que je n'ai aucun rapport avec cette personne, dont j'ignorais entièrement l'existence.

Je tiens d'autant plus à cette rectification que, bien qu'ayant cessé tout service administratif lors de la prise de possession des bureaux de mon administration par la Commune, comme vous, monsieur, je suis resté dans Paris pendant le terrible règne des hommes du 18-26 mars.

Recevez, etc....

DUSSAU (Louis),
Employé des contributions indirectes, rue de
Flandres, 119; ex-officier du 197e bataillon.

8.

V

M. DEBRAY.

Monsieur,

Nommé par décret du général Clément Thomas, en date du 11 décembre, comme chirurgien-major du 52ᵉ bataillon de la garde nationale, si j'ai été porté à l'*Officiel* de la Commune à la date du 8 mai, ç'a été malgré une énergique protestation de ma part, car j'avais donné ma démission le 2 mai. Je la donnai de nouveau le 12 du même mois ; elle fut acceptée.

Recevez, etc....

CH. DEBRAY.

3 juillet 1871.

VI

M. GOUT.

Paris, le 1ᵉʳ juillet 1871.

Monsieur,

Mon nom figure forcément dans la liste des fonctionnaires de la Commune.

Je n'ai pas à m'en plaindre, la nomenclature devant être rigoureusement exacte pour avoir sa raison d'être.

Mais je dois quelques explications, non à mes amis, qui savent pourquoi j'ai paru agir pour la Commune, mais aux nombreuses personnes avec qui j'ai eu et j'aurai des relations.

Non-seulement j'ai accepté, mais j'ai *sollicité* les fonctions de notaire de la Commune.

C'est que, depuis plusieurs années, principal clerc d'une étude située dans la zone du bombardement, au milieu des fédérés, je voulais à tout prix sauver cette étude des horreurs d'un pillage ou d'un incendie possibles, — trop possibles, on l'a vu ailleurs... — les amis que j'ai pu consulter n'ayant vu, comme moi, d'autre moyen que d'affronter la nomination, malgré ses conséquences bien certaines à courte échéance. — Personne, de ceux qui me connaissent, n'a pu douter de mon désintéressement; du reste, j'avais remis à qui de droit, avant ma nomination, une déclaration, une démission anticipée.

J'ai vingt fois été au risque de ma vie, pendant ma courte gestion; n'importe, j'ai atteint mon but.

Tout le monde, à Clichy, et à commencer par les autorités, vous affirmeront l'exactitude de ce qui précède; et, si je voulais répéter toutes les marques de sympathie que cela m'a valu au milieu des mille et un ennuis que, par contre, mon dévouement m'a suscités, vous verriez qu'à l'encontre de tant d'autres, je pourrais presque être fier de figurer au « Livre d'or de la Commune ».

Agréez, etc....

JULES GOUT,
Principal clerc de notaire, 10-12, rue de Lécluse, à Paris.

VII

MM. CROS.

Monsieur,

Je viens de lire dans les listes que vous publiez des personnes qui ont figuré dans les nominations de la Commune les noms de MM. Antoine et Charles Cros en qualité de médecin et aide-major du 249ᵉ bataillon de la garde nationale.

Je dois à la vérité de faire savoir que ce n'est que sur mon conseil formel, je puis presque dire sur mon ordre, que MM. Cros sont restés à leur poste pendant la Commune.

Le 22 mars, jour où je quittai le commandement du 249ᵉ bataillon, MM. Cros vinrent me consulter sur ce qu'ils devaient faire

« Restez à votre poste, messieurs, leur ai-je répondu : le médecin doit toujours ses soins à ses semblables, quelle que soit la forme et le nom du gouvernement. » Et ce n'est que sur mes instances que ces messieurs me promirent de ne pas abandonner le bataillon.

Je vous prie, monsieur le rédacteur en chef, de vouloir bien faire paraître cette explication dans votre plus prochain numéro, les hommes dévoués à leur devoir professionnel ne devant jamais être confondus avec les malfaiteurs et les fous.

Recevez, etc....

MARQUIS DE STRADA,
Ex-chef du 249ᵉ bataillon, 61, rue du Cherche-Midi.

VIII

M. LE DOCTEUR DURAND.

Paris, le 3 juillet 1871.

Vous me faites figurer comme aide-major au 153ᵉ bataillon, nommé par la Commune le 12 mai dernier.

Je ne sais si j'ai été comblé de cette faveur. En tout cas, elle m'était inutile, puisque, nommé aide-major au 153ᵉ bataillon en septembre dernier, j'ai été promu aux fonctions de chirurgien-major par décret du gouvernement de la défense nationale le 16 septembre dernier, et qu'en cette qualité j'ai fait partie des bataillons de guerre pendant le siége prussien.

Donc, quel que soit le titre qu'a pu me délivrer la Commune, je ne saurais le reconnaître, puisque mes fonctions chirurgicales au 153ᵉ bataillon datent du début de ce siége.

Recevez, etc.. .

E. DURAND,
72, faubourg Saint-Denis.

IX

M. PUGNO (RAOUL).

Le père de M. Raoul Pugno, « directeur de la musique au grand Opéra », donne au *Figaro*, dans une lettre insérée au numéro du 3 juin, les explications suivantes sur la conduite de son fils pendant la Commune :

A la fin d'avril dernier, la situation devenant de plus en plus inquiétante, mon fils résolut d'aller à la préfecture demander un laissez-passer pour se rendre à Saint-Maur, en se prévalant de sa qualité de fils d'étranger.

Son nom l'ayant fait connaître comme artiste, il lui fut proposé, pour s'exempter du service de la garde nationale, déclaré obligatoire, même pour les étrangers, de prêter son concours à un grand concert qui allait être donné à l'Opéra, au bénéfice des veuves, des orphelins et du personnel de l'Opéra. Malgré le regret qu'il éprouvait de voir son nom mêlé à ce mouvement à jamais déplorable, il dut accepter, car il y avait incontestablement danger à lutter avec de telles gens....

Signé : S. PUGNO.

X

M. BESLAY.

M. le marquis de Plœuc, sous-gouverneur de la Banque de France, depuis député, faisant allusion à M. Beslay, a écrit, dans une lettre qu'ont publiée tous les journaux, qu'en citant les causes auxquelles la Banque avait dû son salut pendant la Commune, il fallait, « n'en déplaise à ceux pour qui le lendemain du danger est le jour de l'ingratitude, mentionner le concours du délégué de la Commune qui, sans s'immiscer dans l'administration de la Banque, déférait à toute réquisition pour tout ce qui pouvait intéresser la préservation de ce grand établissement. »

Signé : MARQUIS DE PLŒUC.

XI

M. A. GILL.

Le *Figaro* ayant annoncé l'arrestation de M. A. Gill, ce dernier a adressé à ce journal la lettre suivante :

> Mon cher monsieur de Villemessant,
>
> Le *Figaro* de ce matin dit que je suis arrêté.
>
> J'en suis prodigieusement étonné, d'abord parce que je ne suis pas arrêté, ensuite parce que je me demande en vain pourquoi je le serais.
>
> De tous ceux, en effet, qui ont été contraints, pendant ces derniers mois, de rester à Paris, faute de laissez-passer, faute de ressources pour aller vivre ailleurs, nul mieux que le groupe d'artistes dont je faisais partie n'a su se départir de toute participation aux agissements de l'ex-Commune.
>
> Pas un homme refusant d'être armé qui ne fût soupçonné, inquiété. Pour deux fois que je suis allé à la Préfecture réclamer Polo [1], on m'a dit deux fois que je me compromettais. Fédéré ou suspect, voilà quelle était la situation.
>
> C'est la volonté de tourner ces difficultés, et, d'autre

---

[1]. Rédacteur en chef du journal illustré l'*Éclipse*, arrêté pendant la Commune par un de ses anciens dessinateurs, le sieur Pilotell, devenu commissaire spécial de la préfecture de police sous Raoul Rigault, puis suspendu de ses fonctions précisément à cause du scandale et de l'émotion que fit naître cette arrestation.

part, la nécessité de veiller sur les collections artistiques, qui ont donné naissance à la Commission des artistes.

Là, du moins, on était exempt de politique et d'enrôlement.

Nous étions une trentaine qui avons vécu ainsi, faisant le plus petit bruit et la plus honnête besogne possible : plaçant en sûreté les œuvres d'art appartenant à l'État, protégeant les envois des exposants à Londres, essayant de rouvrir les musées au travail si longtemps interrompu des copistes.

L'ordre nous fut donné de remplacer les directeurs et conservateurs des musées; mais je crois bien que nous n'avons dérangé personne.

Délégué, pour ma part, au Luxembourg, non comme conservateur, puisque nous avions décidé de n'accepter aucune fonction, mais comme administrateur provisoire, j'engageai M. de Tournemine [1] à ne voir en moi qu'un passant désireux de l'aider, non de le gêner; et c'est ce qu'il fit, avec une bonne grâce exquise, admettant les exigences du moment et m'associant à ses travaux, sur lesquels nous avons toujours été en parfaite relation d'idées

Tous les délégués de la Commission, j'en suis certain, ont agi dans le même sens; et je suis heureux de songer que notre mince influence, — si nous en avions, — a pu sauvegarder les collections d'art si heureusement échappées au désastre.

Recevez, etc....

AND. GILL.

7 juin 1871.

1. Directeur-conservateur du Musée du Luxembourg au moment de la Commune.

XII

M. GARNIER.

Dans une lettre qui a paru dans le *Figaro* du 17 juin, M. Eugène Garnier, directeur de l'Opéra pour la Commune, déclare :

1° Qu'il a accepté une tâche qui pouvait avoir ses périls ;

2° Qu'il a confisqué un mandat d'arrêt contre M. Perrin, directeur régulier : « M'opposer à son arrestation, dit-il, c'était risquer la mienne » ;

3° Qu'il a fait exempter du service de la garde nationale un grand nombre d'employés de l'Opéra ;

4° Qu'on lui doit, sans aucun doute, la conservation de l'Opéra.

« J'ai la ferme conviction, dit-il, d'avoir supprimé un poste incendiaire. »

Cette lettre a été publiée par M. Jules Prével, dans le piquant et curieux travail qu'il a donné au *Figaro*, sous le titre de : *l'Opéra sous la Commune*.

Les réclamations suivantes ont été adressées au *Journal de Paris* :

XIII

M. LE DOCTEUR BONNIÈRE.

Si j'ai figuré à l'*Officiel* communeux comme chirurgien principal de la 2ᵉ légion, je n'ai accepté ce poste, bien qu'il n'eût rien de politique, que sur l'invitation formelle (je tiens à votre disposition cette invitation écrite) du chargé d'affaires de M. 'Thiers, M. le colonel Domalain, commandant supérieur des volontaires anticommuneux, dont j'étais le chirurgien-major.

Recevez, etc....

Dʳ Bonnière.

XIV

M. LE DOCTEUR DIBOS.

Vous avez écrit ma nomination, par décret du 9 mai, au grade de chirurgien-major du 217ᵉ bataillon. Cette nomination date du 25 octobre 1870, et a été faite par décret du gouvernement de la défense nationale; elle est signée par le général Tamisier, alors commandant supérieur des gardes nationales de la Seine. J'ai continué mes soins aux malades du bataillon, parce que la nationalité, les opinions et les sentiments du patient importent fort peu au médecin.

Recevez, etc....

Dibos.

XV

M. LE DOCTEUR GAILLARDET.

Monsieur,

J'ai lu mon nom figurant dans le Livre d'or de la Commune, comme médecin-major du 74ᵉ bataillon. J'ai été nommé effectivement médecin-major du 74ᵉ, mais par le général Clément Thomas. Le *Moniteur* de la Commune me porte comme médecin-major; c'est en dehors de toute participation de ma part.

Recevez, etc....

GAILLARDET.

XVI

M. LE DOCTEUR MARTELLIÈRE.

Paris, 10 juillet 1871.

Monsieur,

J'ai rempli les fonctions de chirurgien du 11ᵉ bataillon pendant la durée du siége, et je me considérais encore comme pourvu d'un titre régulièrement conféré, lorsque le *Journal officiel* du 8 mai a publié une nomination nouvelle, faite à mon insu, sans mon assentiment préalable, et qui m'a paru aussi inutile que déplaisante. Ce fait n'implique évidemment aucune adhésion aux hommes ni aux choses de la Commune. Le bataillon auquel j'appartenais, et que je n'ai pas cru devoir abandonner, occupait la place de la Bourse le samedi 25 mars jusqu'à la dernière heure : il a eu l'honneur d'être dissous et désarmé dans la semaine qui a précédé l'entrée de l'armée de Versailles.

Agréez, etc....

MARTELLIÈRE.

XVII

M. LE DOCTEUR MORET.

Paris, 30 juin 1871.

Monsieur,

Vers la fin de son règne, la Commune éprouva le besoin
d'émailler son service médical de quelques noms honorables. Un où deux docteurs, de temps en temps, pensèrent
ces messieurs, ne feraient pas mal au milieu de nos chi-
rurgiens et de nos aides-majors d'occasion. Quelques-uns
avaient d'ailleurs des antécédents peu rassurants : un,
entre autres, avait été garçon boucher pendant le siége.

C'est alors que parut à l'*Officiel*, vers le 10 mai, une
fournée de nominations. J'étais du nombre. Attaché,
comme chirurgien-major, au 251ᵉ bataillon, pendant le
siége prussien, j'avais depuis envoyé ma démission, tout
en continuant toutefois à donner des consultations et des
certificats d'exemption. Il y a des services que le médecin
ne peut pas, ne doit pas refuser.

Malgré ma démission, malgré mon refus de rien accepter
en dehors de mon caractère *essentiellement civil*, je me vis
gratifié à l'*Officiel* du grade de médecin-major.

Au fond, cette *bonne* Commune n'était pas bien difficile;
elle n'a jamais rien exigé de nous, et elle n'a même pas
voulu accepter nos services pour les ambulances. Il faut
avouer que nous étions bien peu *dignes* de sa confiance.

Notre clientèle, que nous n'avions pas suivie à Versailles, nous laissant des loisirs, nous passions notre temps à
faire des exemptions de service, et, grâce à nous, bien des

pauvres diables qui auraient été se faire tuer ont pu passer à la chambre des jours paisibles, avec une maladie de notre invention. Car vous n'ignorez pas, monsieur, qu'une partie de la population de Paris n'avait d'autre alternative que de mourir de faim ou d'aller se faire tuer au service de la Commune. Avec un certificat nous conservions la solde, et la famille vivait. C'était donc pour nous un devoir de ne pas abandonner ce privilége, et je puis dire que ce seul motif devait nous empêcher de protester.

J'allais cependant le faire, quand se présente à mon cabinet un jeune homme de vingt-six ans. Il revenait d'Allemagne, où il était resté prisonnier pendant sept mois, et il n'avait pu résister au désir de venir à Paris, embrasser sa vieille mère. Une fois là, il n'y avait plus moyen de sortir : sa mère était sans ressources; d'ailleurs on l'avait incorporé de force dans la garde nationale.

« Je suis sergent, me dit-il, au 92ᵉ de ligne; j'ai fait les campagnes du Mexique et d'Afrique, la dernière campagne de France. Mes camarades sont là, aux portes de Paris; ils me reconnaîtront, ils me passeront par les armes, et ils feront bien. »

Et ils feront bien!

Je lui fis un certificat; je n'avais plus envie de protester.

Veuillez agréer, etc.

Dr Moret,
Médecin du bureau de bienfaisance
(4ᵉ arrondissement).

XVIII

M. LE DOCTEUR PIORRY.

Le jour même où sa nomination paraissait au *Journal officiel*, M. le docteur Piorry adressait à l'organe de la Commune la protestation suivante :

Paris, le 12 mai 1871.

Monsieur,

Je viens de lire ma nomination dans votre estimable journal, comme médecin d'un bataillon de la garde nationale. Je déclare formellement que cette nomination a été faite à mon insu, et que je ne puis l'accepter. Je ne refuserai jamais mes soins à qui que ce soit, à quelque parti que les malades appartiennent, mais j'ai rendu assez de services à l'humanité pour vouloir et pouvoir garder dans toutes les circonstances la liberté de mes actions.

Agréez, etc.

P. A. PIORRY

XIX

M. LE DOCTEUR NÉRAT.

Paris, 19 juillet 1871.

Monsieur,

Nommé chirurgien aide-major du 33ᵉ bataillon de la garde nationale de Paris en février 1852, et chirurgien-major de ce bataillon de marche en décembre 1870, je suis rentré dans le cadre sédentaire après l'armistice.

Le 23 mars dernier, il y eut une réunion des officiers, au sujet de la conduite à tenir vis-à-vis du nouvel ordre de choses. Je me trouvai dans un groupe, en minorité il est vrai, qui refusait adhésion, affiliation ou pourparler avec le comité central. Dès ce moment, sans donner ma démission plus que mes camarades, je cessai toute fonction et tout acte médical dans ce bataillon.

Le 19 mai, le *Journal officiel* de la Commune me reconnaît, sans mon consentement ni information, chirurgien-major de ce même bataillon.

Le 20, j'adressais à M. le délégué civil à la Guerre (M. Delescluze) une *non-acceptation* et le priai de m'accuser réception de ma lettre. En même temps j'informais mon chef de service de santé, promu lui-même à un grade supérieur (sans qu'il s'en doutât), de ma démarche, et le prévenais que je lui remettrais les objets nécessaires au service, que je possédais depuis longtemps. Le 22 mai mit fin à tout cela.

Ainsi, j'ai été renommé à un grade que j'occupais déjà, et n'ai point accepté. La lettre existe au ministère. Voilà la vérité sur cette nomination.

Recevez, etc.

Dʳ NÉRAT,
49, rue de Saint-Pétersbourg.

X X

M. BESLAY.

La lettre suivante a été adressée au *Journal de Genève* par M. Charles Beslay, ancien délégué de la Commune de Paris près la Banque de France (1) :

Genève, ... juillet 1871.

Monsieur le rédacteur,

En venant demander l'hospitalité à la Suisse, à la suite de la formidable crise qui vient d'ébranler la France jusque dans ses fondements, je regarde comme un devoir de mettre en pleine lumière la part que je me suis vu obligé de prendre à ces événements. Ces explications, je les dois à moi-même, pour déclarer bien hautement que je n'accepte ni de près ni de loin aucune solidarité avec les hommes qui ont brûlé Paris et fusillé les otages ; je les dois aussi au pays où j'ai de vieux amis, parce que je tiens à lui montrer que ma présence, en quelque sorte forcée, à la Commune n'est pas sans avoir été de quelque utilité à Paris et à la France.

Ma présence, je le répète, à l'Hôtel de ville a été pour ainsi dire forcée : j'ai passé l'âge de la politique active, et depuis longtemps je m'applique exclusivement, dans ma

(1) Voyez, ci-dessus, une déclaration de M. le marquis de Plœuc relative à M. Ch. Beslay.

— 153 —

retraite, à l'étude des épineux problèmes qui se rattachent aux questions du capital et du travail, que je considère comme les questions primordiales de la politique contemporaine.

J'avais donc décliné publiquement toute candidature aux élections de la Commune, comme antérieurement j'avais décliné toute candidature aux élections de l'Assemblée nationale, et j'ai fait personnellement les démarches les plus actives, aux sections de vote, pour faire enlever mon nom de toutes les listes : vaines déclarations, vains efforts.

Je fus néanmoins élu. Il ne me restait plus qu'à donner ma démission, et je la donnai le premier jour, en présidant la première séance comme doyen d'âge.

Mon discours, qui a été reproduit par tous les journaux, se résumait en deux points : tout d'abord, le programme de la Commune, que je traduisais ainsi : A la Commune ce qui est communal, au département ce qui est régional, au gouvernement ce qui est national (1).

Quant à la politique, je la faisais tenir en deux mots : Paix et travail! Tant il est vrai que la paix et le travail m'ont toujours apparu comme les deux bouts de la boussole qui doit gouverner le monde !

La publication de ce discours fut considérée comme un trait d'union possible entre Paris et Versailles, et je reçus de tous les partis les prières les plus pressantes de rester, dans l'intérêt public, à mon poste.

Je cédai dans l'espérance de rendre quelques services, et c'est alors que je demandai la délégation de la Banque, avec la ferme résolution de préserver de toute atteinte la situation de notre premier établissement de crédit, qu'il fallait à tout prix maintenir intact, pour empêcher le bil-

(1) Voir ce discours au numéro du dimanche 2 avril du *Journal officiel* de la Commune.

9.

let de banque de n'être plus qu'un assignat, le jour où les
bataillons fédérés auraient pris possession des bureaux.

Mais, en restant à la Commune, ma ligne de conduite
n'en a pas moins été inflexible et conforme aux principes
qui ont été la loi de toute ma vie. Membre de la minorité,
j'ai voté contre toutes les violences, j'ai défendu toutes les
libertés, j'ai délivré des prisonniers, et j'ai renouvelé trois
fois ma démission.

Je n'ai rien, il me semble, à ajouter pour démontrer
que je suis resté à la Commune ce que j'ai été toute ma
vie, un défenseur du travail, mais défenseur du travail
par l'ordre, par la liberté, par la discussion, par des ré-
formes accomplies au nom de la majorité, qui fait loi.

Je n'ai pu, et je le déplore plus que personne, je n'ai
pu convertir la Commune à mes idées; mais la Commune
a du moins respecté le mandat qu'elle m'avait confié et
que j'ai défendu avec toute l'énergie qu'on pouvait attendre de moi. Trois fois les bataillons de la garde nationale
ont voulu franchir le seuil de la Banque; trois fois, bien
que souffrant cruellement d'une maladie aiguë, je les ai
fait battre en retraite. Je savais que, dans la pénurie de
capitaux créée par la guerre, le billet de banque repré-
sentait en quelque sorte notre dernier signe monétaire, et
ce signe allait s'annihiler le jour où les forces de la Commune auraient passé sur l'encaisse et les autres valeurs de
la Banque. Je crois avoir contribué, dans la limite de
mon influence, à préserver mon pays de ce désastre. M. de
Plœuc, sous-gouverneur de la Banque, l'a reconnu formellement lui-même dans une lettre publiée partout. Les
réactionnaires sans cœur et sans entrailles peuvent seuls
encore me jeter leur venin. Le souvenir que j'invoque me
console à l'avance de toute leur ingratitude.

La Suisse, qui avait droit à ces explications, voit main-
tenant de quelles ombres on obscurcit la vérité. La Commune est tombée au milieu d'un cataclysme dont tout le

monde condamne les épouvantements. Les fusillades sans pitié ne sont excusables ni du côté de la Commune ni du côté de Versailles.

Mais, en traversant la Commune, j'ai la conscience d'avoir fait mon devoir, et, sur ce point, on peut le voir par un article du journal *le Bien public* (1), le témoignage de Paris me rend justice.

Pour moi, je laisserai tomber avec une complète indifférence les attaques qui pourraient encore arriver jusqu'à moi, et je reprends avec plus de courage que jamais l'étude des problèmes sociaux que je poursuis depuis bien longtemps Bientôt, peut-être, je serai en mesure de publier un certain nombre de solutions pratiques des questions les plus ardues du socialisme, et ces études confirmeront une fois de plus les données que je viens d'esquisser ici, et que je résume, pour terminer, en quelques mots :

Oui, la question du capital et du travail est aujourd'hui la question-mère en Europe.

Oui, au lieu de fuir le problème, nous devons aller au-devant de lui, mais en procédant par *évolutions*, et non par *révolutions*, en faisant appel à la libre discussion, et en faisant du consentement de la majorité la condition indispensable de toute réforme et de tout progrès.

Agréez, etc.

CH. BESLAY.

(1) Allusion à un article de M. H. Vrignault.

Le journal *la Liberté*, numéro du 25 juillet 1871,
fait précéder la reproduction de cette lettre des ré-
flexions suivantes :

Les membres de la défunte Commune, qui sont par-
venus à mettre en sûreté leur honte à l'étranger, éprouvent aujourd'hui le besoin de se disculper d'attaches trop
étroites avec l'odieuse et grotesque dictature à laquelle
Paris doit l'incendie de ses monuments et l'exécution des
otages. Le *Journal de Genève* a la faveur de ces confidences.
C'est d'abord M. Beslay, un vieillard que ses cheveux
blancs et l'inflexibilité de ses opinions passées ne pour-
ront laver de la coupable faiblesse qui a décidément cou-
ronné sa carrière.

Dans une longue lettre à la feuille genévoise, il s'ef-
force d'établir qu'il a siégé malgré lui, malgré les révoltes
de sa conscience, dans la Convention pétroleuse. Il ne s'y
est décidé, après avoir offert sa démission et l'avoir re-
prise à la prière de tous les partis, que pour sauver Paris
et ramener la Commune à des idées modérées et politi-
ques. Nous croyons à sa bonne foi, quoiqu'il nous semble
difficile que les capitulations sur certains devoirs d'hon-
nêteté puissent être atténuées par un simple défaut de
clairvoyance. Nous nous souvenons d'ailleurs de certaines
affiches rouges, qui couvrirent à un moment les murs de
la capitale, signées du nom de M. Beslay et qui étaient
des moins faites pour ramener l'accord entre le pouvoir
établi à Versailles et le parti insurrectionnel. Que sa présence à la Banque de France ait épargné de nouvelles rui-
nes à la fortune publique, nous serons, en revanche, des
premiers à le reconnaître. Mais, si on peut lui compter cet
acte de courage pour une preuve de probité privée, ce ne
saurait être qu'une circonstance atténuante quand il s'agit
de laver les taches faites à la probité politique.

Les lettres suivantes ont été adressées au *Journal de Paris* :

XXI

M. LE DOCTEUR SOUCHARD DE LAVAREILLE.

On lit dans l'*Union médicale* du 9 juin :

Le docteur Souchard de Lavareille, chirurgien-major du 33ᵉ bataillon de la garde nationale depuis près de vingt ans, qui avait cessé tout service après le siége de Paris, en apprenant qu'à son insu l'*Officiel* de la Commune du 19 mai le nommait médecin-major du même bataillon, s'est empressé d'envoyer sa démission au citoyen délégué civil à la guerre.

XXII

M. LE DOCTEUR LEBRETON FILS.

En apprenant sa nomination comme médecin-major du 92ᵉ bataillon, de par la Commune, M. le docteur Lebreton fils adressa au *National* la lettre suivante :

Auvers-sur-Oise, 11 mai 1871.

Monsieur le rédacteur,

Parti de Paris au commencement d'avril, pour cause de santé, je lis dans l'*Officiel* de la Commune, qu'un ami vient de me communiquer, que, par arrêté du 24 avril, j'ai été nommé médecin-major du 92e bataillon, dont j'étais chirurgien aide-major pendant le siége. En toute autre circonstance, j'aurais été heureux de me retrouver au milieu de mes camarades et de partager leurs dangers en leur donnant mes soins. Si j'acceptais aujourd'hui cette nomination de la Commune, je paraîtrais m'associer à ses actes, que je répudie comme contraires aux vrais principes républicains.

J'envoie donc ma démission au délégué au ministère de la guerre, et je vous prie de vouloir bien faire insérer cette lettre dans votre prochain numéro.

Mon père, qui me remplace auprès de mes malades, veut bien, par humanité, donner des soins et des consultations aux gardes du 92e bataillon et visiter les ambulances, s'il s'en établit dans le quartier. Son concours, comme le mien si j'avais été à Paris, ne saurait aller au delà.

Veuillez agréer, monsieur le rédacteur, avec tous mes remerciements, l'expression de toute ma considération.

Dr LEBRETON FILS,
Ancien interne des hôpitaux.

XXIII

M. LE DOCTEUR PELLASSY.

...... N'ayant jamais lu l'*Officiel*, j'ignorais ma nomination non sollicitée, et dont le brevet ne m'a point été
adressé. *La Commune.*, avec laquelle je n'ai rien eu de
commun, ou plutôt le chef du personnel médical de la
garde nationale de Paris, ne sachant pas que j'ai soixante-
dix ans, que j'exerce la médecine dans le quartier de Cha-
ronne depuis trente et un ans, que, depuis le 10 juin 1840,
je suis et j'ai toujours été maintenu chirurgien-major du
27ᵉ bataillon, a cru sans doute *bien faire*, une fois n'est
pas coutume, me prenant pour un jeune docteur non employé ni réquisitionné, de me produire, me galonner et
me titrer même à mon insu.

Pour moi, les malades, les blessés, n'appartiennent plus
à d'autre *parti* qu'à celui de l'*humanité*, et si en portant
mes secours je me trouve sous un drapeau rouge, c'est
qu'il est teint du sang de la guerre civile, désirée, an-
noncée, préparée par l'ennemi.

Ma nomination paraît quatre jours avant l'entrée des
troupes dans Paris, huit jours avant la délivrance; je
soupçonne que, n'ayant jamais voulu faire *aucune* marche
ou sortie, en uniforme ou autrement, *depuis le deux mars*,
et mon aide-major ayant quitté Paris du 15 au 18 mars
jusqu'au commencement de juin, on a voulu transformer
mon service *sédentaire* (que, par humanité et sans aucune
dépendance ni adhésion, je n'ai pas discontinué), en un
service actif, obligatoire, forcé..., et on n'a pas réussi.

. . . . , ...

J'ai le droit de repousser toute erreur qui pourrait conduire, à mon égard, à une insinuation ou à une appréciation préjudiciable.

Je n'attends et ne demande rien pour les services médicaux que j'ai pu rendre depuis trente-huit ans ; je me contente, modestie à part, de répéter après Horace : *Ipsa virtus sibi merces pulcherrima*, et, d'une voix déjà chevrotante, j'aime à chanter, comme Béranger :

La fleur des champs brille à ma boutonnière.

Agréez, etc.

Dr N. PELLASSY DES FAYOLLES.

Paris, 5, rue Saint-Blaise (XXe arrondissement).

XXIV

M. THOUVENIN.

Paris, 3 juillet 1871.

Monsieur,

Votre *Livre d'or de la Commune*, où le caustique se mêle au dérisoire, renferme des noms sur lesquels vous n'avez aucune donnée.

Pour mon compte, voici mon casier de la Commune :

Thouvenin, Jules (corps-francs) (et non un guerrier à outrance), nommé huissier le 27 avril, commissionné le 5 mai, arrêté aux Tuileries le 7 mai, remplacé par l'huissier du 13e après révocation.

Dans votre balance, vous devriez au moins faire figurer

l'actif et le passif, mais vous livrez sans pudeur à la publicité ce que vos presses engendrent.

Eh bien, monsieur, j'ai sollicité être huissier pour être à l'abri de la garde nationale et toucher un salaire qui me fasse vivre moins précairement que depuis huit mois.

J'entrerais bien dans d'autres considérants, mais, pour éviter d'être long, je vous dis que mon nom signifie « probité et bravoure ».

Je vous salue.

THOUVENIN,
7, rue Saint-Laurent, chez M. Coutat.

XXV

M. LE DOCTEUR LE MAGUET.

Paris, le 16 juillet.

. . . .

Chirurgien-major d'un bataillon de guerre pendant le siége prussien, après mon refus de marcher sous la Commune, j'ai été remplacé dans mon grade et versé dans la sédentaire comme médecin-major.

Au fait, peut-être y a-t-il plus de mérite à rester chez soi qu'à quitter Paris, qu'à déserter son poste. . . . . . .

Dr LE MAGUET.

XXVI

M. LE DOCTEUR LE TEURTROIS.

Passy, 15 juillet.

Monsieur,

J'ai été nommé aide-major auxiliaire du 63ᵉ bataillon par le général Clément Thomas (décret du 24 novembre 1870).

Je ne reconnais point la nomination au même titre qui a paru à l'*Officiel* de la Commune le 10 mai.

Et si j'ai donné les premiers secours aux blessés de ce parti, je n'ai fait que remplir mon devoir de membre de la Société de secours aux blessés, qui ne reconnaît ni la nationalité ni le partisan dans celui qui souffre.

Recevez, etc.

JULES LE TEURTROIS.

XXVII

M. LE DOCTEUR KÉRÉDAN.

Monsieur le rédacteur,

Bien que je n'aie reçu ni mandat ni commission de la Commune de Paris, mon nom n'en a pas moins figuré au *Livre d'or* en qualité de médecin-major. Ce livre d'or-là ne sera jamais le livre de la vérité. C'est un document qui ne vaut guère mieux que de la fausse monnaie. Je sais bien que ce n'est pas la faute de ceux qui le copient. Absolution.

Un honorable confrère, M. le docteur Moret, a déjà protesté en excellents termes contre les nombreuses nominations faites à l'*Officiel* à l'insu des *véritables* médecins. Pendant douze jours, j'ai donné, comme un grand nombre de praticiens de Paris, et sans quitter mon cabinet, des certificats d'exemption qui ont sauvé la vie à des pères de famille forcés de se battre contre leur gré.

Ancien collaborateur des journaux de Bordeaux, et connu dans le Midi par des conférences publiques et gratuites, je ne veux pas laisser croire à mes amis de province que j'aie pu jouer un rôle quelconque dans les tristes affaires de la Commune, alors que je n'ai cessé de travailler un seul instant à la rédaction de mes ouvrages, dont la publication a été retardée par les événements.

Veuillez recevoir, etc.

Dr A. KÉRÉDAN.

XXVIII

M. LE DOCTEUR ROUCH.

En apprenant sa nomination en qualité de chirurgien-major du 238ᵉ bataillon, M. le docteur Rouch avait adressé au chirurgien principal la lettre suivante :

Paris, le 18 mai 1871.

Cher confrère,

Je m'empresse de répondre à votre lettre du 17 courant, et je vous déclare que je suis désagréablement surpris de cette nomination. Les notions les plus élémentaires des convenances exigent, dans cette occasion, de consulter au moins les personnes avant de les nommer officiellement à un grade quelconque : et, si vous m'aviez consulté, vous auriez appris que mon intention formelle était de refuser de remplir la mission que vous me donnez. Car je n'ai eu d'autres intentions, jusqu'à ce jour, que de terminer les soins que j'avais entrepris de donner aux malades du bataillon au moment du siége, et ma mission se borne là.

En attendant, cher confrère, que vous veuilliez me faire rayer et me remplacer, je vous prie d'agréer, etc.

Dr ROUCH.

XXIX

M. LE DOCTEUR A. PINEL.

Paris, le 20 juillet 1871.

Monsieur,

En lisant votre publication, je suis étonné d'y trouver mon nom, n'ayant jamais rempli aucune fonction pendant l'insurrection. On m'a bien dit avoir vu ma nomination de chirurgien au 69e bataillon de la garde nationale, mais comme cette nomination, faite à mon insu, ne m'a jamais été signifiée à moi-même, je n'y fis aucune attention et ne me donnai pas la peine de protester. . . . .

Obligé de rester à Paris, je me suis occupé uniquement d'ambulances particulières, donnant mes soins aux blessés et malades de tous les partis, et employant comme infirmiers des jeunes gens qui voulaient se soustraire au service de la garde nationale.

Arrêté par la Commune au commencement d'avril, je pus m'en soustraire en faisant certifier que je ne m'occupais absolument que de mes blessés, et que tout mon temps leur était consacré.

Aide-major du 71e bataillon pendant le siége des Prussiens, où j'ai rendu, je crois, quelques services, je possède encore une lettre du chef fédéré de ce bataillon, qui me reproche de ne m'avoir jamais vu à aucune prise d'armes.

Recevez, etc.

Dr A. PINEL.

APPENDICE VIII.

FÉDÉRATION DES ARTISTES.

Nous avons tenu à consulter, sur cette fédération des artistes élus sous la Commune et qui figurent nominativement au numéro du *Journal officiel* du 22 avril, l'un des plus illustres d'entre eux. Nous avons écrit, à peu près sous sa dictée, la note suivante :

« Les artistes dont les noms sont portés au *Journal officiel* du 22 avril, comme membres de la Fédération artistique, ont été élus par certains de leurs confrères. La plupart d'entre eux étaient éloignés de Paris, et, s'ils eussent été présents, ils auraient certainement, presque tous, protesté contre l'honneur qu'on venait de leur faire. D'ailleurs ces élections, qui avaient pour but la réorganisation et l'étude de toutes les questions relatives aussi bien aux beaux arts qu'à l'art lui-même en général, ces élections, dis-je, n'ont jamais pu être suivies de l'effet qu'on s'était proposé. Donc, les artistes de tout genre qui sont inscrits au *Journal officiel*, dans la liste publiée le 22 avril, doivent certainement, comme tant d'autres, être comptés au nombre des citoyens honorables qu'a, malgré eux, nommés ou reconnus la Commune; mais en même temps leurs noms pourraient aussi bien — et surtout — figurer dans une liste de ceux qui n'ont jamais voulu la reconnaître. »

Nous ajouterons, pour notre part, que cette dernière et judicieuse réflexion doit s'appliquer encore à bon nombre de ceux dont les noms figurent dans ce volume, et particulièrement aux médecins et aux membres du jury d'accusation.

AVIS.

Un certain nombre des personnages qui figurent dans ce volume portent d'autres noms que le leur, ou ont usé, comme publicistes, de divers masques plus ou moins connus. Je renvoie le lecteur qui sera désireux de pénétrer ces petits mystères de curiosité à la 2ᵉ édition de mon *Dictionnaire des Pseudonymes* (1 fort volume de 500 pages, Dentu, in-18 jésus).

ERRATA.

Page 92, ligne 2, au lieu de 30 mai : lisez 30 mars.

Page 123 : le général du Bisson, signataire de la lettre qui se termine à cette page, est le même que le général du Bisson (Raoul), dont le nom figure à la page 33.

TABLE

JOUAUST
IMPRIMEUR
RUE St,
HONORÉ
338

www.ingramcontent.com/pod-product-compliance
Lightning Source LLC
Chambersburg PA
CBHW072232270326
41930CB00010B/2090